40 Jahre
St. Eurach

1973 - 2013

Wir freuen uns, dass Sie bei uns in St. Eurach zu Gast sind und wünschen Ihnen ein schönes Spiel

St. Eurach Land- und Golfclub e.V.
Eurach 8, 82393 Iffeldorf,
Tel (08801) 13 32,
www.eurach.de

Mit freundlicher Unterstützung von

Copress Verlag
in Stiebner Verlag GmbH
80636 München
www.stiebner.com

Weit- und
Schaumschläger

Thomas Marterer

Weit- und Schaumschläger

○ ○ ○

Amüsantes und Skurriles aus dem Golfalltag

COPRESS

Bibliografische Information der Deutschen Nationalbibliothek
Die Deutsche Nationalbibliothek verzeichnet diese Publikation in der
Deutschen Nationalbibliografie; detaillierte bibliografische Daten sind
im Internet übe http://dnb.d-nb.de abrufbar.

© 2011 Copress Verlag
in der Stiebner Verlag GmbH, München
Alle Rechte vorbehalten.
Wiedergabe, auch auszugsweise, nur mit ausdrücklicher
Genehmigung des Verlags.
Gesamtherstellung: Stiebner, München
Printed in Germany
ISBN 978-3-7679-1074-4
www.copress.de

Inhaltsverzeichnis

Prolog

Ich habe vor 2½ Jahren angefangen Golf zu spielen. Seitdem hat sich mein Leben verändert. Mit der kleinen weißen Kugel lebt es sich irgendwie beschwingter. Ich bin der Natur näher, ich bin irgendwie lockerer drauf, denke positiver und habe sogar einige neue Freunde gewonnen.

Wie kann all das sein? Golf ist doch nur ein Spiel. Ein zeitintensives und Nerven zermürbendes obendrein. Es wird zudem nur betrieben von arroganten neureichen Fatzkes, denen das Herzeigen ihres modischen Outfits allemal wichtiger ist, als sportliche Aspekte jedweder Art. So jedenfalls die gängige Meinung, wenn man sich in Kreise der nicht Golf spielenden Freunde und Bekannten einmal umhört.

Mit diesen gängigen Vorurteilen aufzuräumen und die humoristischen und therapeutischen Aspekte dieser Sportart einmal genauer aufzuzeigen, ist Ziel und Inhalt dieses Buches. Bei der Darstellung der Erlebnisse und Spielsituationen beziehe ich mich durchweg auf selbst gemachte Erfahrungen. Es wurde nichts hinzugedichtet oder übertrieben. Lediglich der Blickwinkel auf die Dinge wurde zweckdienlich angepasst.

Naturgemäß betrachte ich viele Dinge noch aus der frischen Erinnerung eines Anfängers, doch die psychologischen Aspekte dieses wunderbaren Spiels verändern sich auch für den fortgeschrittenen Spieler kaum. Er geht nur anders damit um.

Ich befinde mich zurzeit im Übergang von der Anfängerwelt in die der Fortgeschrittenen. Dass dieser Übergang keine Einbahnstraße ist und dass sich beide Welten im laufenden Betrieb ständig vermischen, erfährt der Leser schon zu Beginn dieses Buches.

Nachdem der etwaige Anfänger unter den Lesern erfahren hat, dass auch der fortgeschrittene Golfer nur mit Wasser kocht, erfährt er weiter unten, wie er den Übergang von der einen Welt in die andere schadlos bewältigen kann.

Schönes Spiel!

Kapitel 1

Überholen
(im Fachjargon:
„Durchspielen lassen“)

Vorgedrängelt

Im Golfsport gibt es eine Vielzahl von Regeln und so genannten Etikettebestimmungen, die das Spiel nicht nur sportlich vergleichbar gestalten sollen, sondern vor allem ein chaotisches Durcheinander bis hin zur Gefährdung von Leib und Leben verhindern helfen. So versteht es sich beispielsweise von selbst, dass ein Ball erst dann geschlagen werden darf, wenn auszuschließen ist, dass ein Mitspieler oder ein unbeteiligter Dritter davon getroffen werden könnte.

Auf der anderen Seite steht das ständige Bemühen, anderen Mitspielern nicht über Gebühr im Wege zu stehen und somit ihren Spielfluss und ihre Spielfreude nicht einzuschränken (siehe hierzu auch Regel 6-7 Unangemessene Verzögerung; langsames Spiel). Hier kommt nun auch die „Etikette" ins Spiel. Im Gegensatz zur weitläufigen Meinung regelt die Etikette in erster Linie nicht das, was man tut, sondern vor allem das, was man nicht tut. Sich daneben Benehmen zum Beispiel.

Kommen wir nun zur praktischen Anwendung und zu einer realen Spielsituation. An sonnigen Wochenenden drängen sich auf deutschen Golfplätzen mitunter die Karawanen in sogenannten Flights (~ Spielgruppen im Umfang von 1–4 Personen) in sehr kurzen Abständen hintereinander über die deutschen Spielbahnen. Da kommt es schon einmal vor, dass der nachfolgende Flight warten muss, bis die Vorgänger ihre Bemühungen um ein erfolgreiches Versenken der weißen Kugel im dafür vorgesehenen Behältnis beendet haben.

Stellt der vordere Flight fest, dass er den hinteren Flight über Gebühr aufhält, so muss er diesem unaufgefordert Zeichen zum Durchspielen (Überholen) geben. Dies ist aber nur dann gegeben, wenn der Vorflight nicht seinerseits dicht einem weiteren Vorflight folgt. Ansonsten gilt es Ruhe zu bewahren und sich in den fließenden Verkehr einzuordnen!

Nun zur konkreten Spielsituation: Es begab sich auf einer äußerst beliebten Anlage im Norden unserer Republik. Eine Spielgruppe folgte dicht auf die andere. Ich befinde mich mit meinen beiden Spielpartnerinnen mitten im Verkehr.

Wir sind gerade bei Loch Nummer 6 und versuchen einzulochen. Da sehen wir aus den Augenwinkeln zwei verwegene Gestalten von Bahn 5 kommend konspirativ an uns vorbeihuschen, direkten Weg zu Abschlag Nummer 7 einschlagend. Wir spielen Bahn 6 zu Ende und machen uns dann ebenfalls auf den Weg zu Abschlag Nummer 7.

Dort eingetroffen begrüßen uns die forschen Kollegen mit einem fröhlichen: „Wir haben uns mal eben vorgedrängelt!", verbunden mit einem etwas verblödetem Grinsen. Statt dem offenbar erwarteten: „Na das macht doch nichts, Sie sind ja nur zu zweit, spielen Sie ruhig vor", bekamen sie aber zur Antwort: „Ja, das sehen wir."

Nun kommt Kollege 1 etwas ins Stammeln: „Ja, wir dachten nur, die Bahn vor Ihnen wäre frei, den Viererflight hatten wir gar nicht gesehen." Kollege 2 hingegen ist der Meinung, unverschämt kommt durch: „Wir dachten, sie gehen nur spazieren, das sah alles so langsam aus."

Nun befanden wir uns seinerzeit noch ganz am Anfang unserer „Golfkarriere" und waren noch nicht mit der für solche Situationen erforderlichen Coolness ausgestattet. Die richtige Antwort wäre natürlich gewesen: „Ja, und nun sehen Sie, dass es nicht so ist. Würden Sie sich daher bitte wieder hinten anstellen."

Stattdessen gaben wir halbwegs bei: „Tja, da haben Sie sich wohl geirrt. Aber wenn wir Sie jetzt nicht durchspielen lassen würden, fühlten wir uns ständig unter Druck gesetzt und würden womöglich unser eigenes Spiel vermasseln. Dann setzen lieber wir Sie unter Druck – spielen Sie eben vor."

Und schon legten sie wieder forsch los – auf einem Par3, auf dessen Grün der Vorflight noch am Putten war! Dies führte unvermeidlich zu einer Beinahe-Kollision der heran fliegenden Bälle mit den puttenden Sportsfreunden und zu einer Komplett-Kollision der beiden Flights mit den augenscheinlich höchst unterschiedlichen Spielauffassungen. Den Inhalt der verbalen Auseinandersetzung konnten wir auf die Entfernung leider nicht im Detail verfolgen.

In der Konsequenz wurden die forschen Gesellen allerdings nicht noch ein weiteres Mal vorgelassen, sondern verzweigten lamentierend querfeldein in die Büsche und waren von da an nimmer mehr gesehen.

Schade. Der Fortschritt beim Etiketteverhalten hält nicht immer ganz Schritt mit dem Spielfortschritt. Im Gegenteil: Fortgeschrittene Spieler glauben häufig, sich aufgrund ihrer technischen Fähigkeiten mehr gegenüber den Anfängern herausnehmen zu können. Da haben sie etwas missverstanden!

Wie gesagt: Etikette ist vor allem das, was man nicht tut.

Mr. Superüberholer

Ein weiteres einschlägiges Erlebnis zum Thema „Durchspielen lassen" hatte ich im Rahmen eines Anfängerturniers (Vorgabeklassen 37-54) in unserem eigenen Heimatclub.

Die 3er Flights waren von der Spielleitung so zusammengestellt worden, dass sich in jedem Flight je mindestens ein Spieler mit Vorgabe 54 und mit Vorgabe < 45 befand. Damit sollte ein in etwa gleichmäßiges Spieltempo gewährleistet werden, bei dem Situationen wie die nun geschilderte möglichst nicht eintreten sollten.

Bis zu Bahn 4 lief alles glatt. Bahn 4 ist bei uns ein sogenanntes Dogleg, bei dem die Bahn nach etwa halber Länge abknickt, so dass für den gewöhnlichen Wald- und Wiesenspieler ein Richtungswechsel auf dem Weg zum Loch vorzunehmen ist (besonders gewiefte Kameraden versuchen hingegen, über die rechts befindliche Hecke und das dahinter gelegene Rough [hohes, schwer zu bespielendes Grass oder Unkraut] abzukürzen).

Wir mussten zunächst einen Moment warten, bis der Vorflight hinter der Hecke verschwunden war (nicht mehr sichtbar, aber immer noch da) und konnten uns sodann an unsere Abschläge wagen, die aufgrund unserer noch überschaubaren Fähigkeiten im Bestfall nicht weiter als in den Bereich der Hecke gelangen würden. Und siehe da – alle drei Abschläge landeten kurz vor oder neben eben dieser Hecke. Wir machten uns auf den Weg zu unseren Bällen.

Just in diesem Moment erschallen wilde Rufe von hinten (!), verbunden mit ebenso wilden Gesten. Wir schauen uns verdutzt an. Was mag der „Flightführer" unserer soeben am Abschlag eingetroffenen Nachfolger von uns wollen. Schließlich hören wir es laut und deutlich: „Können wir mit Euch abschlagen?"

He? Mit uns abschlagen? Die maximale Flightgröße liegt nach wie vor bei 4. Was soll es da bringen, mit uns abzuschlagen? Endlich verstand ich: „Wollt Ihr durchspielen oder was?"

Wie gesagt, es läuft normalerweise anders herum: Wenn der vordere Flight feststellt, dass er den Anschluss verpasst und die Nachfolger schneller sind, fordert er diese zum Durchspielen auf. Nicht umgekehrt. Aber was soll's. Wir kommen nicht weiter, die kommen nicht weiter. Nur, wenn wir das Durchspielen verweigern, setzen wir uns womöglich im weiteren Verlauf selbst unter Druck, weil wir immer die Drängler im Nacken verspüren. Also lautete die Antwort auch in diesem Fall: „Na, wenn Ihr meint – dann legt mal los!"

Der „Flightführer" legt los und macht einen ganz passablen Abschlag. Mitspieler A versemmelt seinen Abschlag (viel zu kurz), Mitspielerin B versemmelt ihren Abschlag links ins Rough. Sie benötigt drei weitere Schläge um wieder aufs Fairway in den Bereich der Hecke zu gelangen. Unkraut und Erdreich werden dabei großzügig verteilt. Hörbarer Kommentar meiner Flightpartnerin: „Zügig Durchspielen geht anders!"

Nach einer gefühlten viertel Stunde können auch wir unser Spiel fortsetzen. Sofort laufen wir auf den Bälle suchenden Vorflight (ehemals Folgeflight) auf. Alle drei Partner dieses Flights werden Bahn 4 streichen müssen (sie verfehlen die für einen Punktgewinn erforderliche maximale Schlaganzahl).

Später traf ich Mitspielerin B auf dem Clubparkplatz. Sie erklärte Folgendes: „Wir wollten gar nicht überholen, aber D. wird immer so nervös, wenn er warten muss. Er hat Euch gleich angerufen, ohne uns vorher zu fragen!"

Das wird ja immer schöner. D. wird immer nervös, wenn er warten muss. Hat er sich da evtl. die falsche Sportart ausgesucht? Herrschaften, wir spielen Golf doch wohl zum entspannen. Nicht, um unseren Durchsetzungskampf auf direktem Wege aus dem Berufsalltag, mit kleinem Schlenker über die linke Spur der Autobahn (lichthupend versteht sich), auf Wald, Flur und Biotope unserer gepflegten Golfanlagen zu verlegen?

Geht's noch? Durch seine, nennen wir es Ungeduld, hat D. nicht nur seinen eigenen Flightpartnern die Runde versaut (keiner von ihnen konnte sein HCP in diesem Turnier verbessern), sondern –

und das ist noch viel schlimmer – die anfänglich so harmonische und beschwingte Stimmung auch in unserem Flight mit einem leichten Mollton versehen.

Ich war genervt und habe überlegt, wie man D. den Kopf waschen bzw. erzieherisch auf ihn einwirken könnte. Ich entschied mich aber dann doch gegen eine direkte Konfrontation, *postete* mein Erlebnis lediglich in einem einschlägigen Forum und bat unsere Sekretärin, im nächsten Turnier bitte nicht mit D. spielen zu müssen. Das war verkehrt!

Bei meinem nächsten Besuch auf der Driving Range traf ich Mitspieler A aus dem Nach- und später Vorflight aus dem vorangegangenen Turnier. „Na, hast Du die Runde mit unserem Superüberholer gut verkraftet?", fragte ich ihn. „Ja, inzwischen schon – aber so etwas machen wir nie wieder!", antwortete er.

„Sag einmal, wie heißt Du noch gleich?". „D.!" lautete seine verblüffende Antwort. „Was, Du bist D.?", fragte ich entsetzt. „Ich habe soeben unsere Sekretärin gebeten, nie mehr mit Dir spielen zu müssen, weil ich Dich für Mr. Superüberholer hielt. So wurde dieser mir nämlich von Mitspielerin B vorgestellt!"

Peinlich, peinlich … D. war in Wirklichkeit nämlich gar nicht D., sondern E. Und D. war hingegen ein netter unschuldiger Leidtragender, den ich aufgrund von Hörensagen fälschlich für E. gehalten hatte.

Was lernen wir daraus? Geht dem Golfer ein Mitbewerber durch Regel- oder Etiketteverstöße auf den Keks, so ist dieser direkt und unmittelbar auf sein nerviges Verhalten anzusprechen. Das schließt Missverständnisse aus und hat auch nachhaltig den größeren Effekt.

Sollte nunmehr der Eindruck entstanden sein, ich würde „Durchspielen" generell als nervig ansehen, so ist dieser Eindruck übrigens komplett falsch.

Im Gegenteil: Nervig ist, wenn der Vorflight auch nach dem zehnten Schlag noch nicht in die Nähe des Grüns gekommen ist und dennoch keine Anstalten macht, den Ball in absehbarer Zeit aufzunehmen und das Loch somit aufzugeben. Derartige Mitspieler verursachen oft kilometerlange Rückstaus. Ja, kilometerlang! So etwas gibt es nicht nur auf der Autobahn.

Bevor man nun aber irgendwelche Maßnahmen ergreift, sollte man sich sehr sicher sein, dass die durchschnittliche Spielgeschwindigkeit des eigenen Flights deutlich über der des vorausspielenden Flights liegt. Sonst kann es im Anschluss an das Durchspielen oder schon in dessen Verlauf sehr peinlich werden …

Ist diese Sicherheit aber durch ausreichend lange Beobachtung erlangt und ist auch ausreichend bekannt, dass sich vor den Kriechern eine freie Spielbahn befindet, so stellt sich die Frage nach der Art der zu ergreifenden Maßnahme. Alles sollte damit beginnen, dass der Vorflight bemerkt, dass er selbst zum gehenden Hindernis geworden ist. Schritt Nummer 1 ist also, entsprechenden Blickkontakt herzustellen.

Wie das geht? Bei einem Par3 kann man schon mal auf dem Abschlagsfeld Position beziehen. Dieses ist meistens erhöht, und aus dieser Position heraus bleiben einige schnittig vorgetragene Probeschwünge den Augenwinkeln der Trödler nicht lange verborgen.

Schwieriger schon auf dem Fairway eines Par4 oder Par5. Wenn sich die Vorspieler dann nicht umsehen, bleibt noch die Möglichkeit, den Marshall per Mobiltelefon zu verständigen. Bis der allerdings vor Ort ist, kann es eine Weile dauern. Oder man ruft „Hallo!". Notfalls auch „ H a l l o !!". Dies reicht in 90% aller Fälle aus, um den Vorflight zum Durchspielenlassen zu veranlassen.

Wann ist das Anrufen des Vorflights denn nun unverschämt und wann ist es ein legitimer Notruf? Dies kommt ganz auf die Spielsituation an. Wenn man sich in der konkreten Situation auf dem Platz befindet, *weiß* man es ganz einfach. Als Minimum hierfür wird allerdings das Fingerspitzengefühl eines Elefanten vorausgesetzt.

Und was ist mit den restlichen 10%, die sich selbst durch laute Hallo-Rufe nicht zu irgendeiner Reaktion bewegen lassen? Das sind äußerst kritische Fälle!

Wenn man versiert genug ist, seine Bälle so zu spielen, dass sie einerseits in den Sensorenbereich der Ignoranten gelangen, andererseits diese aber unter gar keinen Umständen gefährden, dann kann man schon mal den ein oder anderen Ball spielen, für den man normalerweise einen zeitlichen und räumlichen Anstandsabstand eingehalten hätte. Aber dies ist wirklich nur die Ultima Ratio!

Die beste Lösung ist in der Regel Geduld, verbunden mit einer direkten Ansprache der Verursacher, sobald dies möglich ist. Ansonsten bleibt nur die Benachrichtigung der Spielleitung. Denn langsames Spiel in Verbindung mit dem Verweigern des Durchspielens ist gemäß Regel 6-7 ein zu sanktionierender Regelverstoß.

Aber bitte n i e m a l s anderen Spielern Bälle gezielt in die Hacken spielen!!!!!!!!!!!!!! Das ist nämlich asozial und – wenn es schief geht – sogar gefährliche Körperverletzung. Wenn nicht schlimmer …

Kapitel 2

Regelmissachtung und Strafschläge

Nach dem Lesen des ersten Kapitels könnte man meinen, Golf sei Kampf und hätte etwas mit Durchsetzungsvermögen zu tun. Hat es auch – aber nur äußerst selten!

Ein weiser Mann hat mal formuliert „die Beklopptenquote ist überall gleich hoch – egal, ob im Beruf, in der Nachbarschaft oder im sonstigen öffentlichen Leben." So ganz stimmt das zwar nicht: Je nach sozialem Umfeld und genossener Erziehung zeichnen sich hier schon deutliche Unterschiede ab. Aber: Alleine die Tatsache, dass man golft, ist noch lange keine Gewähr dafür, dass man auch eine gute Erziehung genossen hat oder einem guten sozialen Umfeld entstammt. Somit nimmt es kein Wunder, dass schlechtes Benehmen auch beim Golfen gelegentlich zu Tage tritt.

Möglichweise gibt es beim Golfen zwar weniger gestörte Persönlichkeiten als im sonstigen öffentlichen Leben, aber dadurch, dass man sich beim Golfen zeitweilig sehr nahe kommt, ersatzweise genügen hier auch die Spielgeräte der Mitspieler oder Kontrahenten, kann es vermehrt zu Stresssituationen kommen.

Mitspieler, die es im Beruf zu etwas gebracht haben, die womöglich über ein tolles Auto verfügen und evtl. sogar über eine gut aussehende Ehefrau / seltener über einen gut aussehenden Ehemann, können beim Golfen diese Statussymbole leider nicht unmittelbar mit sich führen.

Sie fühlen sich dann nackt und angreifbar und sie neigen in Stresssituationen häufig dazu, ihren Status durch die Verhaltensweise von Alphamännchen zu unterstreichen. Nur wenn man dies weiß und sich darauf einstellt, bleibt Golf spielen auch auf gut besuchten Golfplätzen die entspannendste und gleichzeitig aufregendste Nebensache der Welt.

Wie stellt man sich auf Alphamännchen und auf Wadenbeißer ein? Zunächst einmal, indem man die Regeln kennt!

Wie bereits oben beschrieben, dienen die Regeln der Vergleichbarkeit, ohne die kein Sieger ermittelt und gekürt werden könnte. Aber sie sollen auch einen reibungslosen Spielfluss ermöglichen, bei dem jeder Spieler zu jeder Zeit weiß, wann und wie er spielen darf.

Wenn sich jeder Mitspieler an die zwar etwas unübersichtlichen, aber in vielen Jahren bewährten Regeln hält, kann es praktisch zu keinen Stresssituationen kommen. Unmut kommt meistens erst auf, wenn sich ein Mitspieler entweder nicht an die Regeln hält oder aber ein Kontrahent aus Unwissenheit vermutet, dass der andere sich nicht an die Regeln hält.

Regelverstöße werden meistens mit Strafschlägen geahndet. Strafschläge verschlechtern das Spielergebnis des Bestraften und sie verbessern in Relation hierzu das Ergebnis aller nicht Bestraften. Dies ist häufig genug Motivation dafür, Mitspieler mit berechtigten oder auch unberechtigten Strafschlägen zu überziehen.

Dies zeigen Beispiele aus der Praxis.

Spielen von außerhalb des Abschlags

Gemäß Regel 11-4 ist beim Abschlag das Spielen von außerhalb des Abschlags unzulässig. Es wird beim Zählspiel mit zwei Strafschlägen sanktioniert. Ich habe mich immer gefragt, wie ist das eigentlich möglich: Ein Mitspieler sieht, dass der Abschlagende im Begriff ist, von außerhalb des Abschlags zu schlagen – er macht ihn aber nicht darauf aufmerksam, sondern wartet in aller Ruhe den Abschlag ab, um dann genüsslich zu verkünden: „Dein Tee befindet sich vor der Abschlagsmarkierung!! – Zwei Strafschläge!"

Was um Gottes Willen hat eine solche Verhaltensweise mit dem *Spirit of the Game* zu tun? Rein gar nichts! Hier zeigt das Alphamännchen seine Macht, der Wadenbeißer betreibt Frustabbau. Keine Frage, wenn die Regel nicht eingehalten wurde, so ist dies zu sanktionieren (zumindest im Turnier). Aber warum hilft man dem Mitspieler nicht dabei, den Regelverstoß zu vermeiden, indem man ihn v o r dem Abschlag auf seine Ballpositionierung hin anspricht??

Für den eher unwahrscheinlichen Fall, dass der Regelverstoß tatsächlich erst nach dem Abschlag beobachtet wurde, bieten sich andere Vorgehensweisen an. Zum Beispiel: „Aus meinem Blickwinkel heraus sah es so aus, als ob Du den Ball von vor der Abschlagslinie geschlagen hättest. Du weißt ja, dass dies dann zwei Strafschläge nach sich ziehen würde. Ich kann mich aber auch geirrt haben. Wie siehst Du das?"

Auf diese Weise würde man es vermeiden, einem unbedarften Anfänger das Spielergebnis und die Spielfreude zu vermiesen, ihn aber gleichzeitig auf sein Fehlverhalten aufmerksam machen, so dass er dieses für die Zukunft korrigieren kann. Er kann dann immer noch mit sich selbst abmachen, ob er ein Spielergebnis unter akribischer Regelanwendung oder ein geschöntes Ergebnis („das hab ich ja nicht mit Absicht getan") präferiert. Streit und dessen negative Auswirkungen auf das eigene Spiel werden vermieden.

Mir ist bewusst, dass ich mit dieser laxen Einstellung bei den Regel-päpsten einen Aufschrei provoziere. Regeln sind immer anzuwenden! Es werden keine Ausnahmen gemacht! Aber, hey, Regelpäpste: 1.) lässt sich Einfühlungsvermögen nicht wirklich reglementieren und 2.) Nein, ich habe nicht gegen Regel 1-3 „Übereinkunft über Nichtanwendung von Regeln" verstoßen. Denn: Aus meinem Blick-winkel heraus war die Ballposition tatsächlich nicht exakt zu bestimmen ...

Ball im Wasserhindernis

Eine vergleichbare Situation gibt es im Wasserhindernis: Der Ball befindet sich jenseits der farbigen Markierungen, ist aber noch spielbar, weil nicht im Wasser befindlich. Ein hier immer wieder, nicht nur bei Anfängern, gern gemachter Fehler ist es, den Schläger vor dem Schlag im Hindernis aufzusetzen. Dies ist nach Regel 13-4 unzulässig und wird wiederum mit zwei Strafschlägen geahndet.

Im Unterschied zum Abschlag von fünf Zentimetern vor der Abschlagsmarkierung verschafft sich der Bewerber durch das Aufsetzen des Schlägers im Hindernis aber einen deutlichen Vorteil durch die somit erhöhte Schwungstabilität. Insofern würde ich es selbst bei Anfängern nicht als Wadenbeißerei ansehen, diesen Verstoß zu ahnden. Regelkundigkeit hätte hier geholfen, Stress zu vermeiden!

Aber auch hier gilt: Wird die Tendenz zum Regelverstoß bereits vor dem Schlagen erkannt, können dezente Hinweise („Du weißt ja, dass man den Schläger im Hindernis nicht aufsetzen darf") unschöne Verbalkollisionen in der Folge vermeiden helfen. Gelingt es dem Spieler anschließend unter Regeleinhaltung einen sauberen Schlag zu produzieren, so ist die Freude hierüber gleich um einiges größer als im Falle eines erschlichenen Spielerfolges.

Merke: Ein regelkundiger Spieler hat das Zeug sowohl zum beliebten als auch zum glücklichen Spieler!

Kapitel 3

Schummeln und kreative Regelauslegung

Das vorangegangene Kapitel hat gezeigt, wie schnell man beim Golfen in Situationen geraten kann, in denen böswillige oder auch gut meinende – hier kommt es immer auf den Blickwinkel drauf an – Mitbewerber großzügig mit dem Verteilen von Strafpunkten sind. Da andererseits für viele Sportsfreunde das Spielergebnis von großer Bedeutung ist, sind diese naturgemäß daran interessiert, möglichst wenige Strafpunkte zu kassieren. Aus diesem Interessenskonflikt heraus entsteht der Hang zum Schummeln.

Nun gibt es signifikant unterschiedliche Arten des Schummelns hinsichtlich von Ausprägung und Energie. Im Wesentlichen sind hierbei zu unterscheiden:

- Bewusstes Schummeln mit entscheidender Vorteilsnahme
- Bewusstes Schummeln ohne wesentliche Vorteilsnahme (als Ausgleich von so empfundener Ungerechtigkeit und Pech)
- Versehentliches Schummeln mit oder ohne Vorteilsnahme

Dazwischen gibt es noch eine Vielzahl von Abstufungen. In welche dieser Unterkategorien die einzelne Art einer Umgehung der Regeln einzuordnen ist, unterliegt sicherlich der subjektiven Einschätzung eines jeden Betrachters.

Bewusstes Schummeln mit Vorteilsnahme ist moralisch verwerflich, widerspricht aufs schärfste dem „*Spirit of the game*" und ist daher jederzeit und ohne Einschränkungen zu sanktionieren. (Dabei kann die Sanktion von offizieller Natur sein, z. B. Strafpunkte, aber auch von informeller, z. B. Witze hinter vorgehaltener Hand oder Niederschrift in einem Buch.)

Bonuspunkte

Folgendes Erlebnis wurde mir im Verlaufe eines nicht bepreisten 9-Loch-Turnieres in meinem Heimatclub nördlich der Elbe selbst zuteil. Zusammen mit einer Clubkameradin (Giovanna) und einem Ehepaar (Heidi und Walter) aus einem benachbarten Club von südlich der Elbe ging es im Viererflight auf die Runde. Ich zählte für Heidi, Walter zählte für mich.

Schnell wurde klar, wohin der Hase laufen würde. Ich schloss die erste Bahn mit einer 6 ab. Walter schlug vor: „Eine 5?" Der alte Fuchs hatte sich natürlich nicht verzählt, sondern startete ganz einfach den Versuch, mir seine Komplizenschaft anzudienen. Frei nach dem Motto: „Ich schenke Dir und Du guckst weg bei ihr."

Heidi und Giovanna erzielten eine 5, Walter eine 10. Den nächsten Abschlag toppte Walter zur Lady und den Folgeschlag *slicte* er ins dichte Schilf. Eine gemeinsame Suche erbrachte das Ergebnis, dass die Spielbarkeit dieses Balles deutlich gegen Null lief. Heidi (!) nahm den Ball auf, ließ ihn ein Stück seitlich Richtung Fairway fallen und grinste uns fröhlich zu: „Hier lag er doch, oder?!"

„Nee, eigentlich war der im Schilf. Wie sollen wir das denn jetzt werten?" „Na, ihr seht doch wie Walter drauf ist, der muss erstmal ins Spiel kommen." Die arme Giovanna wusste nicht recht, wie ihr geschah: „Äh, ja. Das können wir ja noch später besprechen." Und weiter ging's.

Offenbar musste auch Heidi erst richtig ins Spiel kommen, denn während ich mich auf den Weg zu meinem Ball machte, produzierte sie schon mal einen Luftschlag. Giovanna hat's gesehen! Nach zwei weiteren auch von mir beobachteten Schlägen hatte sie das Grün erreicht. Ihr gelang ein Meisterputt und sie jubilierte: „Ja, ein Par!!!"

Mir war zunächst nicht klar, warum Giovanna, sie ist von Haus aus eher ein lebenslustiger und extrovertierter Typ, so konsterniert guckte, bis sie mir unterwegs zuraunte: „Das war kein Par – sie hatte noch einen Luftschlag!"

Das war jetzt ganz blöd! Ich war der Zähler und hatte nichts bemerkt. Wir hatten Heidis „Korrektur" von Walters Ballposition erstmal durchgehen lassen (der arme Kerl hat übrigens auch in der Folge kaum einen Ball getroffen) und Giovanna hat mich erst auf Bahn 3 über den Luftschlag informiert – da war das Par bereits notiert. Jetzt hieß es also, entweder sofort auf „hart" umschalten und den bisherigen und künftigen Schummeleien ein Ende setzen oder ein für alle mal schweigen.

Zwei Überlegungen beeinflussten meine Entscheidung maßgeblich: Es wurden bei diesem Turnier keine Preise ausgelobt. Auch gab es keine Siegerehrung. Heidis geschöntes Spielergebnis würde also weder materielle Nachteile noch einen Verlust an Ehre für etwaige weniger erfolgreiche aber ehrliche Mitspieler nach sich ziehen.

Und, beinahe schäme ich mich dies zu erwähnen, ich selbst lag noch ganz gut im Rennen und wollte mir meine Konzentration und alle Erfolgschancen nicht durch etwaige Anfeindungen und Diskussionen rauben lassen. Nun hoffe ich inständig, der Leser ist geneigt mir zu glauben: Der ausschlaggebende Grund war, dass sich Heidi in diesem Fall nur selbst betrügen würde.

Im weiteren Spielverlauf gestattete sie sich selbst noch zwei Toleranzen bei der Regelauslegung, von denen die abschließend an Loch 9 produzierte hier noch Erwähnung finden soll.

Heidi schlägt ab. Gerade, aber deutlich nach rechts in Richtung Hecke und Auslinie. „Der könnte im Aus sein", bemerke ich, „mach mal lieber einen provisorischen." „Nein, den finde ich!" Auf dem Weg zum Ball zeigte sich, dass dieser zwar noch vor der Hecke zum Liegen gekommen war, sich aber, zwar knapp, aber doch deutlich sichtbar im Aus befand.

Dies zu registrieren, blieben mir ungefähr drei Sekunden. Denn Ausrufen: „Den kann man doch Spielen!", den Ball ansprechen und ihn aufs Grün schlagen, waren praktisch Eins. Eine wahrhaft großartige Vorstellung. Fürs laienhafte Auge fast zu schnell …

Insgesamt also drei „Bonuspunkte", die zu einer Verbesserung des HCPs um eben diese drei Punkte (anteilig gemäß ihrer Vorgabenklasse) führte. Ein Grund zum Ärgern? Für Giovanna und mich nicht. Wir haben uns köstlich amüsiert und sind auch später noch etliche Male auf das seltsame Paar von südlich der Elbe zu sprechen gekommen.

Nur wenn Heidi rückblickend darüber nachdenkt, wird ihre HCP-Verbesserung an diesem schönen Frühsommertag immer mit einem Makel behaftet sein. Wie sie damit umgeht, ist letztendlich ihre Sache. Sie heißt übrigens nicht wirklich Heidi, ebenso wie Walter nicht Walter heißt. Aber beide werden sich hier mühelos wieder erkennen.

Einmal abgesehen von ihrer Zählweise waren die beiden wirklich sehr sympathisch und wir haben gerne zusammen noch ein kühles Alsterwasser und ein Diestel auf unserer Clubterrasse mit ihnen genossen. Mein Clubkamerad Claus pflegt in solchen Fällen immer zu sagen: Beim Golf spielen geht es nicht um Leben und Tod – es geht um viel mehr!

Moralisch eine Stufe weniger verwerflich ist das bewusste Schummeln ohne deutliche Vorteilsnahme. Was ist darunter zu verstehen? Ich mache mal den Versuch einer Abgrenzung: Wenn ich meinen Ball tief im Rough finde, aus dem er nur schwer herauszuspielen ist, und ich ihn dann unauffällig auf dem hohen Grass positioniere, so ist das eine deutliche Vorteilsnahme oder anders ausgedrückt: Betrug. Ich bin schließlich selbst Schuld daran, dass der Ball im Rough gelandet ist. Dort muss ich mit Unbilden rechnen.

Eine leicht veränderte Bewertung würde ich vornehmen, wenn mein Ball auf dem durchgehend hervorragend gepflegten Fairway landet, er aber in das einzige Divot weit und breit gerollt ist. Dann war dies nicht absehbar, sondern es ist Pech. Würde ich den Ball in dieser Situation besser legen, so würde ich damit moralisch gesehen eher das erfahrene Pech ausgleichen, als mir unlauter einen Vorteil verschaffen.

Doch Vorsicht! Hier betreten wir sehr dünnes Eis. Regel 13-1 besagt eindeutig, der Ball ist so zu spielen wie er liegt. Auch wenn ich das einzige Divot auf dem ganzen Platz als schreiende Ungerechtigkeit empfinde, auch wenn die plötzlich auftretende Windböe meinen Ball in den Teich getrieben hat – Glück und Pech gleichen sich in einem Golferleben immer aus. Somit ist auch ein aktiv betriebener Pechausgleich nichts anderes als Betrug. Okay, in privater Runde lege ich schon mal besser, um den Spielfluss zu verbessern. Aber niemals habe ich das Recht hierzu in einem Turnier!

Die dritte Kategorie des Schummelns findet originär unbeabsichtigt statt. Zum Beispiel: Der Ball wurde unabsichtlich berührt, hat sich bewegt, ist dann aber bis auf einen Millimeter wieder in die Ausgangsposition zurückgerollt. Siehe Padraig Harrington in Dubai im Januar 2011.

Oder: Vor dem Turnierstart stellt mein Mitspieler fest, er hat 15 Schläger statt der zulässigen 14 Schläger im Bag. Mir gegenüber äußert er die Absicht, einen der Schläger nach Spielbeginn zu neutralisieren („Entweder spiele ich ohne Eisen 5 oder ohne das Lobwedge"), vergisst es dann aber doch. Im Verlauf der Runde hat er weder den einen noch den anderen Schläger benutzt.

Vom moralischen Standpunkt aus betrachtet, ist also alles in Ordnung, aus Regelsicht (4-4) leider nicht. Hier, ich sage es frank und frei, würde ich bei aufkommender Erkenntnis keine Anklage erheben, sondern einfach die Klappe halten. Auch dann, wenn mir selbst dieses Malheur passiert wäre.

Hey Päpste, nennt mich jetzt ruhig einen Schummler. Ich nehme mir trotzdem die Freiheit, auch in Kenntnis der Regeln das Denken nicht komplett einzustellen. Und mit ein wenig Nachdenken stelle ich fest: Mein Mitspieler hatte weder böse Absichten, noch hat er sich irgendeinen Vorteil verschafft. Und in diesem Fall ist nach meiner ganz persönlichen Meinung von einer Bestrafung abzusehen.

Nach diesem eher theoretischem Exkurs noch einmal zurück ins wirkliche Leben und zur ersten Kategorie des Schummelns. Einer meiner Freunde, Lorenzo, entstammt wie der Name schon andeutet, dem mediterranen Raume. Die haben dort bekanntlich eine andere Mentalität als unsereins.

Er ist im Grunde genommen ein wirklich netter, hilfsbereiter, herzensguter und umgänglicher Kerl, mutiert auf dem Platz aber zum Schummler der dreisten und gleichzeitig liebenswerten Kategorie. Seine Spielphilosophie ist in etwa: „Wir lassen uns von widrigen Umständen nicht unterkriegen und korrigieren diese wann immer erforderlich unter ungefährer Orientierung an den Regeln."

Der Ball ist nur aufgrund einer Windböe im Rough gelandet und nun unspielbar. Er darf innerhalb von zwei Schlägerlängen mit Strafschlag gedroppt werden? Nehmen wir drei. Dann befinden wir uns, wie der eigentlichen Qualität des Schlags entsprechend, wieder auf dem Fairway. Oder: Der Ball hatte beim Eintreten in die Wasseroberfläche diese schon mehr als die Hälfte überschritten. Ich droppe mit einem Strafschlag auf der Grünseite!

Während einer privaten Runde hat diese Art von Spielphilosophie einen recht hohen Unterhaltungswert. Richtig anstrengend wird das Ganze dann aber im Turnier. Nach dem Abschlag an einem Par3 kam Lorenzos Ball kurz vor einer Hecke zum liegen. Die Hecke versperrte ihm den direkten Weg zum Grün.

Lorenzo versucht einen Meisterschlag über die Hecke – doch leider ohne Erfolg. Sein zweiter Schlag verschwand mit großem Getöse in den Zweigen des sperrigen Ungetüms. „Vielleicht ist er ja auf der anderen Seite wieder herausgekommen?", mutmaßt Freund Lorenzo.

Eine sogleich vom gesamten Flight eingeleitete Suchaktion ergab: Leider nein, der Ball ist in der Hecke stecken geblieben. „Wenn ich ihn finde, kann ich ihn ja droppen." Sprach's, angelte den Ball aus der Hecke und droppte ihn philosophiegemäß vor der Hecke auf der Grünseite – nicht näher zur Fahne.

Da es sich wiederum um ein Turnier ohne Siegerehrung handelte, beschloss ich auch dieses Mal, zunächst zu schweigen und die Spiel- und Zählanalyse auf Loch 19 zu verschieben.

Innerlich zähle ich: „Abschlag erster Schlag, in die Hecke zweiter Schlag, Strafschlag für das Herausholen = dritter Schlag, Spielen vom falschen Ort = vierter und fünfter Schlag. Mindestens, da schwerwiegender Verstoß …"

Der sechste Schlag ging dann über das Grün hinaus. Mit dem siebten war er darauf zurück. Mit dem achten lochte er ein und verkündete „5 Schläge!" „Stimmt, zuzüglich der Strafschläge." „Ach ja stimmt, plus ein Strafschlag, macht 6." Wie erklärt man jetzt schnell Regel 20-7, ohne dabei die Contenance und die erforderliche Lockerheit fürs eigene Spiel zu verlieren?

Am Loch 19 kam dann das Eingeständnis, dass ich evtl. sogar Recht hätte mit meiner Weigerung, sein nach individueller Regelauslegung ermitteltes Spielergebnis anzuerkennen. Aber: „Du zählst immer so deutsch! Wenn Du so selten spielen würdest wie ich, hättest Du auch Schwierigkeiten, Dein Handicap zu spielen – also sei mal etwas lockerer."

„Äh, ja. Aber meinst Du nicht, dass *Du* vielleicht etwas lockerer werden solltest, was die Bedeutung Deines Handicaps anlangt?" Wir befinden uns diesbezüglich noch in Diskussion.

Schlimm? Nö, Lorenzo ist mein Freund, er bleibt mein Freund und ich werde auch weiterhin die eine oder andere Runde mit ihm spielen. Allerdings nicht, ohne mich und etwaige weitere Mitspieler mental auf das kommende Spielerlebnis vorzubereiten. Zählen möchte ich in Zukunft nicht mehr für ihn …

Maulwurfshügel überall

Ein kreativer Umgang mit den Regeln muss übrigens nicht immer etwas Verwerfliches sein. Im Gegenteil: Eine genaue Regelkenntnis kann allseits anerkannte Vorteile durch die Inanspruchnahme von Erleichterungen erbringen.

Nehmen wir das Beispiel der immer wieder beliebten Maulwurfshügel. Werden Stand oder Schwung durch einen solchen beeinträchtigt, darf bekanntlich Erleichterung in Anspruch genommen werden (Regel 25-1). Nun kann es vorkommen, dass der Ball mitsamt dem Maulwurfhügel sich so weit im Rough befindet, dass man selbst bei Inanspruchnahme der Erleichterung, also nach einem Freedrop, von ungünstigem Belag aus weiter spielen müsste.

Hier empfiehlt es sich nun, die Umgebung genauestens zu sondieren. Ich hatte in dieser Situation schon einmal „das Glück", dass ein Drop innerhalb einer Schlägerlänge vom nächsten Punkt der Erleichterung wiederum zu einer Situation führte, in der ich erneute Erleichterung in Anspruch nehmen konnte. Das Gelände zwischen Maulwurfshügel Nummer 1 und dem Fairway war nämlich übersät mit einer Vielzahl von Spuren Erdgänge grabender Tiere.

Mit einem zweiten völlig legal erworbenen Freedrop lag ich nun plötzlich wieder auf dem Fairway und konnte das Spiel erheblich erleichtert fortsetzen …

Man sieht also, genaue Regelkunde in Verbindung mit einem wachsamen Auge – ich hätte natürlich den ersten Drop auch irgendwo anders ohne Kollision mit einem weiteren Maulwurfhügel ausführen können – kann von enormem Vorteil sein.

Zu beachten ist in solchen Fällen aber die genaue Einhaltung des vorgesehenen Verfahrens:
- Ich bestimme zunächst den nächsten Punkt der Erleichterung (NPE). Dieser kann sehr nahe am Ursprungsort liegen.
- Danach messe ich vom NPE aus einen Halbkreis von einer

Schlägerlänge – nicht näher zur Fahne – ab, innerhalb dessen der Freedrop erfolgen darf.

- Ich schaue mir das Ergebnis des ersten Drops an und beurteile die neu entstandene Situation. Erst danach droppe ich ggf. ein weiteres Mal.

Keinesfalls wäre es zulässig, bereits vom ersten NPE aus zwei Schlägerlängen abzumessen, frei nach dem Motto: „Hier zu droppen hätte keinen Sinn, da hier ebenfalls alles voller Maulwurfshügel ist. Ich gehe gleich weiter zum nächsten NPE." Aber mit einem stufenweisen Vorgehen befindet man sich voll im grünen Bereich. Das wurde mir sogar (Regel-)päpstlich bestätigt!

Kapitel 4

Und wo bleibt der Spaß?

Nach der Lektüre der vorangegangenen Kapitel könnte man den Eindruck gewinnen, auf dem Golfplatz wimmelt es nur so von Neurotikern, Wadenbeißern und durchgehend humorlosen Existenzen. Was bringt normale Menschen dazu, sich diesem psychotischen Umfeld auszusetzen und wertvolle Stunden ihrer Freizeit zu opfern (von materiellen Opfergaben einmal ganz abgesehen), nur um auf einen kleinen weißen Ball einzudreschen, der dann in aller Regel auch noch völlig andere Wege einschlägt, als dies den eigenen Vorstellungen und Wünschen entsprach?

Ist es die frische Luft, sind es die schön gepflegten Fairways oder vielleicht die auf Golfplätzen noch häufig anzutreffende besondere Flora und Fauna? Gibt es unter Golfern womöglich doch den einen oder anderen sympathischen Zeitgenossen?

Ja, nach meinen Erfahrungen gibt es unter Golfern tatsächlich sogar weitaus mehr Sympathieträger als im großen Querschnitt der Bevölkerung, und auch die nette Umgebung trägt sicher zum Wohlbefinden bei. Aber die Faszination Golf ist dadurch alleine noch nicht erklärbar.

Nach meinem Dafürhalten sind die entscheidenden Gründe Spaß und Freude! Wodurch aber entsteht diese Freude? Das Spiel ist technisch betrachtet mega-kompliziert und überaus anspruchsvoll. Sicher, den Ball irgendwie treffen, schafft jeder früher oder später. Aber ihn verlässlich auf immer gleiche Art und Weise, präzise und mit hoher Geschwindigkeit zu seinem Ziel zu befördern, gelingt nur unter Beachtung einer Vielzahl von Einfluss nehmenden Parametern.

Entsprechend selten gelingt der perfekte Schlag. Wenn er dann aber doch einmal gelingt, ist die Freude hierüber unvorstellbar groß. Man hat etwas ganz Seltenes, etwas Besonderes und Wertvolles vollbracht. So jedenfalls das subjektive Empfinden.

Dabei ist „perfekt" immer in Relation zum eigenen Leistungsvermögen zu sehen. Für den Profigolfer ist ein Abschlag sicher erst perfekt, wenn er nach 270 Metern mittig auf dem Fairway landet, eine Annäherung muss nicht nur aufs Grün, sondern möglichst nah an die Fahne.

Bei Amateuren tritt das Glücksempfinden erfreulicherweise schneller ein. Blutige Anfänger sind bereits hochzufrieden, wenn sie an einem Par4 mit einem Tripple-Bogey einlochen. Dies ist ihnen nur mit 7 subjektiv als perfekt empfundenen Schlägen möglich.

Dann entwickelt man sein Spiel weiter. Man ist stolz darauf, gelegentlich bereits mit einem Doppel-Bogey einzulochen. Das geht aber nur, wenn man die Bälle verlässlicher trifft. Man hat dies gelernt. Und man ist geneigt dazu, das Erlernte weiterzugeben.

„Du musst mal mitkommen zum Golfen – das würde Dir bestimmt auch gefallen!" Auf der Driving Range badet man in der Bewunderung der Rookies: „Mensch, Du kannst das ja wirklich. Das sieht bei dir so locker aus. Wieso fliegen Deine Bälle so gerade?" Für diese Momente hat man gearbeitet. Dafür nimmt man auch alle Rückschläge auf dem Platz in Kauf.

Und Rückschläge gibt es reichlich. Vor jedem Wasserhindernis sagt man sich: „Ich muss den Ball einfach nur so spielen wie immer – so als wäre gar kein Wasser da." Irgendwann lernt man das tatsächlich – zumindest überwiegend. Doch am Anfang versenkt man einen Lakeball nach dem anderen und führt ihn somit dem ewigen Kreislauf der Wiederverwendung zu.

Man lernt demütig zu werden. Man lernt, dass man dann die besten Ergebnisse erzielt, wenn man zuvor seine eigene Erwartungshaltung auf Null reduziert hat. Auch, dass Gefühl mehr Einfluss auf ein gutes Spiel nimmt als das krampfhafte Abrufen technischer Details. Kurzum: man wird ruhiger. Das Spiel nimmt meditativen Einfluss.

Es ist offensichtlich, dass man im Zustand großer Ausgeglichenheit und Lockerheit bessere Ergebnisse erzielt, als direkt nach der Arbeit unausgeruht auf den Platz gehend. Anderseits hilft das direkte auf den Platz gehen, den Zustand der Ausgeglichenheit auch nach der Arbeit innerhalb kürzester Zeit wieder herbeizuführen.

Diese Erfahrung habe ich ein ums andere mal gemacht: Ich verabrede mich mit Sportskamerad Uli (auch Bob2 genannt – aber dazu später) um 17 h auf der Driving Range. Entweder es werden noch ein paar Bälle geschlagen oder es geht gleich los zur 1. Dort geht dann das Rumgehacke los. Wir müssen erstmal runter kommen.

So, jetzt konzentrieren wir uns aber auf das ordentliche Treffen. Na, geht doch wieder. Die Arbeit ist plötzlich ganz weit weg. Anders als beim Spazierengehen oder beim Joggen musst Du Dich beim Golfen voll auf die Aufgabe konzentrieren. Für andere Gedanken als für dein Spiel und die unmittelbare Umgebung bleibt einfach kein Platz. Du musst einfach zur Ruhe kommen. Das ist der therapeutische Aspekt des Golfens.

Warum wird Uli auch Bob2 genannt? Einer meiner Lieblingsfilme ist „Was ist mit Bob?", dargestellt von Bill Murray. Meine Lieblingsszene: Der Psychiater, dargestellt von Richard Dreyfuss, versucht den nervigen Patienten Bob loszuwerden, es gelingt ihm nicht. Um dies seiner Familie zu veranschaulichen, geht er zur Haustür und öffnet diese. Davor steht Bob. „Bob ist immer da!".

So wie einer meiner Kollegen, ebenfalls Clubkamerad, Gert. Sobald man auf den Platz kommt – Gert ist schon da. Deshalb heißt er Bob. „Bob ist immer da!" Gert hat es geschafft, an elf aufeinander folgenden Tagen zehn mal zu Golfen. Sagenhaft. In dieser Statistik kann er nicht einmal von Uli eingeholt werden. Daher ist dieser nur Bob2.

Die beiden Bobs sind ein lebender Beweis für die im Golfspiel beinhaltete Suchtgefahr. Besonders hoch war die Anwesenheitsquote der beiden Sportsfreunde während der Zeit, in der sie von ihren Frauen getrennt und noch keine neue Beziehung eingegangen waren. Inzwischen scheint sich eine Milderung abzuzeichnen. Sie sind nur noch an vier von sieben Tagen auf dem Platz. Haben die Frauen jetzt eigentlich einen guten oder einen schlechten Einfluss auf die beiden Jungs?

Strategie

Golfen ist ein extrem strategisch geprägtes Spiel. Ständig lauern neue Gefahren auf dem Weg zwischen Abschlag und Loch. Diese Gefahren verstärken sich oder mildern sich ab, je nachdem wie gut der zuletzt ausgeführte Schlag geglückt ist.

„Nimm den Bunker aus dem Spiel!", lautet zum Beispiel eine strategische Anweisung, die besagt, dass man sich nicht auf gerader Linie, sondern nach links oder nach rechts versetzt dem Ziel seiner Wünsche, nämlich der Fahne, nähern sollte. Der abschließende Schlag aufs Grün wird dann auch im Falle eines zu früh landenden Balles nicht zum Desaster (einem schwierigen Bunkerschlag) führen, sondern eher dazu, dass nur noch ein leichter Chip gespielt werden muss.

Auf diese oder ähnliche Art ist jeder einzelne Schlag eine ständige Abwägung zwischen dem theoretisch abrufbaren individuell perfekten Schlag und dem im Falle eines Misslingens damit verbundenen Risikopotenzials. Auf breitem Fairway mit kurz gemähtem Rough als Begrenzung bin ich sicherlich geneigt, ein wesentlich höheres Risiko einzugehen, als auf einem engen Fairway, das von hohem wild wucherndem Rough oder gar von der Ausgrenze umgeben ist.

Das Gleiche gilt für Bäume und Hecken, die den direkten Weg zum Grün versperren oder ihn zumindest beeinflussen. Wie sicher bin ich, dass die Flugkurve meines mit meinem Holz5 gespielten Balles hoch genug ausfällt, um die 20 Meter hohen Baumwipfel zu übertreffen? Spare ich auf dem Weg zum Grün tatsächlich einen Schlag ein oder erziele ich nur einen Raumvorteil, den ich im Falle eines Umweges durch einen längeren, aber weniger riskanten Folgeschlag wieder ausgleichen könnte?

Diese strategischen Überlegungen begleiten mich durch das gesamte Spiel. Mit einer guten Strategie habe ich sogar die Chance, zu einem wesentlich besseren Spielergebnis zu kommen, als Spieler, die mir technisch eigentlich weit überlegen sind. Und das macht dann sehr viel Spaß!

Na ja, zumindest allen, die ähnlichen Geistes Kind sind wie ich. Man muss ja nicht jeden dazu überreden, sein Glück auf dem Grün zu suchen. Sollen die Verweigerer doch alleine unglücklich werden!

Interessant ist allerdings, dass man im Laufe der Zeit einen immer größeren Teil der verfügbaren Freizeit mit den Golf spielenden Freunden verbringt. Nicht nur beim Golfen selbst, sondern auch beim netten Plausch am Loch 19. Die anderen laufen Gefahr, außen vor zu bleiben. Besonders gefährlich ist dies, wenn in einer Beziehung der eine Partner golft, der andere aber nicht.

Meine Freundin Giovanna weiß, wie man es richtig macht. Neulich traf ich sie und ihren Partner auf dem Platz. Er als „stiller Teilhaber", der zumindest an den zwischen den Ballwechseln stattfindenden Gesprächen des Flights teilnehmen konnte und der sich während der Schweigephasen wahlweise an der Natur oder an der Eleganz und Grazie seiner spielenden Partnerin erfreuen konnte. Das ist Liebe! Und es hat Potenzial zu noch mehr.

Habe ich eben Ballwechsel geschrieben? Man merkt doch, dass ich zuvor Tennis gespielt habe. Wie übrigens viele inzwischen Bekehrte. Meistens fängt es damit an, dass man Golfen auch mal „ausprobieren" möchte. „Wir können dann ja im Urlaub ab und an mal spielen." Tennis bleibt selbstverständlich unsere Hauptsportart, denn dem Golfen mangelt es doch ein wenig an Dynamik. Denkste …

Neben dem rein zeitlichen und auch dem finanziellen Aspekt, der es kaum erlaubt, beide Sportarten parallel zu betreiben – es sei denn, man ist Rentner, Privatier oder Transferleistungsempfänger – besteht das Hauptproblem darin, dass man vom Golfen ab der ersten gespielten Runde an dermaßen gefesselt ist, dass man ohne Umwege sofort wieder an den Ort des Triumphes, der Schmach oder einfach nur des Erlebnisses zurückkehren möchte. An *den* Ort?

In meinem Heimatgolfclub nördlich der Elbe haben wir einen tollen Platz, der auch nach dem 50. Mal spielen immer wieder eine Herausforderung darstellt. Wenn man immer wieder denselben Platz spielt, hat dies zwei entscheidende Vorteile: Erstens wird man allmählich mit dessen Tücken vertraut und kann versuchen, sich auf diese einzustellen und zweitens kann man ziemlich genau ablesen, ob man sich spielerisch weiter entwickelt hat oder nicht. (Bis jetzt habe ich auf Bahn 7 immer maximal bis zur Birke abgeschlagen, seit kurzem liege ich 15 Meter weiter vorne…)

Natürlich spielt man nie die exakt selbe Runde, da sich Boden-, Licht- und Windverhältnisse von einem zum anderen Tag zumeist deutlich unterscheiden. Außerdem trifft man die Bälle nie vollkommen identisch, so dass die Ausgangsposition für den nächsten Schlag ständig differiert.

Somit ist per se auch beim Bespielen immer desselben Platzes ständige Abwechslung und ein sich ständiges Einstellen auf neue Situationen garantiert. Das ist ja gerade das Schöne am Golf! Aber auf dem Heimatplatz differieren die Situationen natürlich nur innerhalb der durch die Platzbeschaffenheit vorgegebenen Parameter. Um ein kompletter Spieler zu werden, muss man sich auch auf außerhalb dieser Parameter liegende Situationen einstellen können, sprich auf fremde Plätze.

Fremde Plätze

Das Spielen auf fremden Plätzen habe ich zumeist als Hochgenuss empfunden (es warten neue Herausforderungen, neue Spielsituationen und gefällige Landschaften). Nur in wenigen Ausnahmefällen habe ich das „Fremdspielen" bedauert.

Auf meinem Heimatplatz weiß ich mittlerweile in fast allen Spielsituationen sofort, welcher Schläger als nächstes zum Einsatz kommen wird. So kann ich z. B. auf 13 von 18 Bahnen mit dem Driver abschlagen, auf den fünf verbleibenden Bahnen wäre dies zu weit oder zu riskant. Auf breiten Fairways kommt das Holz5 zum Einsatz, auf schmaleren die Hybride usw.

Komme ich das erste Mal auf einen fremden Platz, so kenne ich die Gegebenheiten, die Entfernungen und insbesondere die Gefahrenpunkte noch nicht. Ich muss also vor Ort ad hoc die Schlägerwahl treffen und die Art des zu spielenden Schlags bestimmen. Auf guten Plätzen geben die neben den Abschlägen positionierten Schautafeln detaillierte Auskunft über den Verlauf der zu spielenden Bahnen. Die Entfernungen zu den einschlägigen Hindernissen sind zu erkennen und häufig sind darauf sogar die Fahnenpositionen definiert.

Ich muss an dieser Stelle zugeben, dass mich die Fahnenposition zum Zeitpunkt des Abschlagens bislang wenig bis gar nicht interessiert hat. Der Fokus lag zunächst einmal darauf, überhaupt das Grün mit einer akzeptablen Schlaganzahl zu erreichen. Ob man dieses besser vorne oder hinten, links oder rechts anspielen sollte, wird erst dann relevant, wenn man in der Lage ist, dies auch wirklich zu steuern. Ich komme jetzt erst ganz allmählich in diese Position.

Mir persönlich bringt es Spaß, mich schon im Vorausblick auf die zu spielende Runde mit dem Birdie-Book auseinanderzusetzen, sofern dies in digitalisierter Form auf der Website des gastgebenden Clubs vorzufinden ist. Man erscheint dann nicht völlig planlos am Tee

No. 1 und kann die Sache ggf. etwas entspannter angehen. Schautafeln und Birdie-Books sind also durchaus Kriterien für einen guten Club. Die entscheidenden Maßstäbe sind aber für mich:

- Die Freundlichkeit des Personals
- Ein abwechslungsreicher, herausfordernder und landschaftlich reizvoller Platz
- Ein gepflegter Platz
- Ein nettes Clubhausambiente für den Genuss eines Latte Macchiato und eines möglichst selbst gemachten Stückes Kuchen im Anschluss an die Runde

Es gibt im Großraum Hamburg etliche Plätze, die diese Kriterien hervorragend erfüllen. Hamburg, Schleswig-Holstein und das nördliche Niedersachsen sind ein wahres Golferparadies. Ich habe drei ausgesprochene Lieblingsplätze in dieser Region. Welche dies sind, verrate ich aber nicht, denn im Falle einer Überfrequentierung würden sie schnell an Reiz verlieren. Sorry Leute, da muss ich mal ganz an mich selbst denken.

Nur soviel sei gesagt: Viele der Plätze mit den in meinen Augen höchsten Niveaus liegen entweder in Blickweite zur Ostsee, mit zum Teil wirklich spektakulären Ausblicken, oder sie befinden sich in der Hügellandschaft der holsteinischen Schweiz oder in der des Gebietes der nördlichen Lüneburger Heide. Aber in dieser Bewertung ist sicherlich auch sehr viel subjektives Geschmacksempfinden beinhaltet. Ganz abgesehen von der jeweiligen Tagesform und Freundlichkeit des Restaurantpersonals.

Das absolute Highlight im Ausland war für uns bislang der Golfclub Millstätter See. Ich habe zuvor und danach nie derart gepflegte Fairways gesehen. Spektakuläre Ausblicke auf den See.

D-Day

Wie bereits in Kapitel 3 angedeutet, sind Wesen und Profil meines Freundes Lorenzo zuweilen stark auf ihre Außenwirkung hin ausgerichtet. So blieb es nicht aus, dass er bei einem unserer mittäglichen Aufenthalte in unserem Stammkaffeehaus begann, über seine Performance im Golfspiel zu schwadronieren. „Was Thomas in der kurzen Zeit erreicht hat, ist wirklich nicht schlecht. Aber wenn ich so häufig spielen würde wie er, hätte ich bestimmt schon Handicap 10 erreicht – oder noch besser!" (sein jetziges HCP ist 32,8).

Goran, der Kaffeehausbesitzer ist ein cooler Junge. Er ist zudem semi-professioneller Bowling-Spieler und verfügt nach eigener Bekundung über ein ausgezeichnetes Ballgefühl. „Du laberst hier wieder rum! Aber was steckt dahinter? Ich wette mit Dir: Ich bräuchte maximal fünf mal zu trainieren – dann hau ich Dich weg!"

„Wie, Du hast noch nie Golf gespielt und willst mich nach fünf mal trainieren besiegen? Lächerlich! Wette angenommen!" Nachdem festgestellt wurde, dass man unter Freunden nicht um Geld wettet, wurde der Wetteinsatz auf ein Essen für den gesamten Flight definiert. Als Spielort wurde ein öffentlicher Kurzplatz vor den südlichen Toren Hamburgs festgelegt. Zu diesem hat unser Freund Goran auch ohne vorherige Erlangung der Platzerlaubnis Zugang.

Die Absprache erfolgte im August letzten Jahres. Im September begleitete mich Goran dann zum ersten Training. Unter meiner laienhaften Anleitung erlernte er die Essentials wie Griffhaltung, Standposition und Schwungablauf. Ich gab ihm ein Eisen7 in die Hand. Mit diesem schlug er gleich die ersten Bälle über 100 Meter weit mit einer Seitenabweichung von ca. 20–30 Metern nach rechts. Damit kann man arbeiten!

Flugs ging es auf den Kurzplatz. Die Bahnen sind dort zwischen 95 und 160 Meter lang. „Und so macht man Chips", erklärte ich ihm, „kurze Ausholbewegung und die Ballposition variieren, je nachdem, ob der Ball mehr fliegen oder rollen soll". Was soll ich sagen? Am 4. Loch gelang ihm das Par. Und ich hatte allergrößte Mühe und auch ein wenig Glück, um an dieser Stelle die Ehre zu behalten. Goran ist offenbar ein Naturtalent.

Im September gönnte er sich dann eine Trainerstunde bei unserem Pro und im Oktober noch einen Abend auf unserer DR. Somit hat er drei Teile des ihm zustehenden fünfer Kontingentes ausgeschöpft. „Das reicht mir eigentlich schon, von mir aus können wir einen Termin festsetzen." Das taten wir dann auch.

Doch einmal kam ein Starkregen dazwischen und ein anderes Mal hatte Lorenzo vergessen, seine Frau rechtzeitig über unser Vorhaben zu informieren. Die hatte ihn bereits anderweitig verplant. „Was kümmert Dich Deine Frau? Bist Du ein Mann oder eine Memme?" Schließlich brach der Winter herein und verdammte uns zu einer spiellosen Zeit. Viel Zeit zum Spekulieren.

„HCP 32,8 ist nun wirklich nicht schlecht. Das sind im Schnitt weniger als zwei Schläge über Profivorgabe. Manche Leute brauchen dafür zehn Jahre, andere schaffen es ihr Leben lang nicht. Goran, Du hast überhaupt keine Chance." „Normalerweise vielleicht nicht, aber Du hast ja gehört, was ich spielen kann. Wenn es bei mir am Anfang gut läuft und bei Dir vielleicht nicht so, dann wirst Du ganz schnell nervös, kriegst ordentlich Druck und triffst keinen Ball mehr. Frag Thomas. Der sagt, Golfen findet überwiegend im Kopf statt."

Nun ja, Klappern gehört bekanntlich zum Geschäft. Und es zeigt Wirkung. „Thomas, ich finde es nicht gut, dass Du Goran trainierst – Du bist doch mein Freund." So kulminiert sich die Spannung und Anspannung allmählich dem D-Day entgegen. Er findet irgendwann im Frühling statt. „Wenn der mich nach fünf mal trainieren schlägt, ist das peinlich für uns beide." „Ich weiß, dass ich eigentlich keine Chance habe, aber alleine dass Lorenzo jetzt schon nervös wird, ist mir jeden Einsatz wert."

Ich freue mich jetzt schon auf den Kampf der Titanen – und auf das Essen. Sollte das Spielergebnis noch vor Redaktionsschluss vorliegen, reiche ich es am Ende des Buches nach.

Fassen wir also noch einmal zusammen. Der Spaß beim Golfen setzt sich aus sehr vielen Einzelkomponenten zusammen. Da wären zum Beispiel die Freude über die Beherrschung eines komplexen Bewegungsablaufs, die Freude über die Beherrschung des eigenen Geistes (nur mit Ruhe und gleichzeitig mit viel Mut spielt man stark und fühlt sich auch so), Demut, wenn es mal nicht klappt, Stolz auf das Erreichte, die Spielstrategie, die Vielfalt und Abwechslung (Eindrücke fremder Plätze) und nicht zuletzt die Möglichkeit zum Betreiben von Charakterstudien.

Darüber hinaus gibt es weitere Faktoren, die jeder für sich selbst verschieden bewertet und daher auch selbst erfahren muss. Also, Ihr bedauernswerten Nicht-Golfer: Auf zum nächsten Schnupperkurs!

Kapitel 5

Die Bedeutung des Handicaps

Weitschläger, Schaumschläger

Was genau sagt uns eigentlich das Handicap? Der eigentliche Sinn besteht bekanntlich darin, dass es Spielern unterschiedlicher Qualitätsklassen ermöglicht werden soll, einen gemeinsamen Wettkampf auszutragen, bei dem jeder Spieler die gleichen Chancen hat, diesen für sich zu entscheiden. Schlechtere Spieler erhalten Bonuspunkte in Form des ermittelten Handicaps. Sieger wird, wer unter Berücksichtigung des HCPs die wenigsten Schläge benötigt bzw. die meisten (Netto-)Punkte erreicht. Das Handicap ist also ein Chancenegalisierer.

Für viele Spieler hat das HCP aber auch noch eine andere Bedeutung. Es spiegelt letztendlich das Ergebnis wider, das man im Durchschnitt der letzten offiziell gezählten Versuche erzielt hat (zumindest ungefähr). Mit anderen Worten: Es spiegelt die Leistungsfähigkeit wider.

Diese Leistungsfähigkeit nach Außen hin zu dokumentieren und zu demonstrieren mag für so manchen eine untergeordnete Bedeutung haben. Für andere wiederum ist es der eigentliche Sinn und Zweck des gesamten Spiels. Früher haben sich derart gestrickte Persönlichkeiten für Image fördernde Maßnahmen der Hilfsmittel La Coste Hemd, Goldkettchen oder Golf GTI tiefer bedient. Heute macht man dies oftmals dezenter.

Sehr gut zu beobachten ist das im einschlägigen Webportal mygolf. de. Dort werden Fragen gestellt wie: „Wie weit habt ihr Euch in diesem Jahr schon runter gespielt?" oder „Wie weit schlagt ihr?". Teilnehmer mit so dezenten Namen wie „Hammerdrive" oder „Rexaves" (!) antworten dann: „Ich spiele seit letztem Jahr und bin gestern bei 19,6 angekommen …" (dies wird dann auch gerne wiederholt) oder „Meine Schlägerkopfgeschwindigkeit liegt bei 220 km/h, meine durchschnittliche Driverlänge bei 260 Metern."

Dass es sich hierbei zumindest teilweise um Schaumschlägerei handelt, erfährt man schnell durch Rückfragen: „Wie kommt es, dass bei dem letzten Turnier, an dem Du teilgenommen hast, der Longest Drive mit 240 Metern gemessen wurde?" oder „Wow – bei der Schlägerkopfgeschwindigkeit liegst Du knapp hinter Tiger Woods, aber deutlich vor den Plätzen 20–100 der europäischen Rangliste – wie kommt es, dass Du nicht auf der Tour spielst?"

Die Antworten hierauf sind dann entweder Schweigen oder komplett hanebüchen. „Der Longest Drive wurde auf einem Par4 mit sehr engem Fairway gemessen. Dafür sind 240 Meter doch nicht schlecht, oder?" „Dann musst Du auf der nächsten Bahn ja 280 Meter weit geschlagen haben, um Deinen Durchschnitt zu halten. Und um missratene Drives auszugleichen, musst Du auch mal über die 300er Marke gehen, oder?" Schweigen.

Nicht dass hier der falsche Eindruck entsteht: mygolf.de ist ein prima Portal mit prima Foristen. Man erfährt dort viel Wissenswertes zu Fragen der Technik, des Materials und zu den Regeln (ungekrönter Superforist ist dies bzgl. „MagicD", der *Godfather of rules* sozusagen).

Man kann darüber geeignete Turniere suchen (und indirekt auch buchen), man kann die Rangliste des eigenen Clubs einsehen und vieles mehr. Aber man trifft dort, wie könnte es bei über 100.000 Foristen auch anders sein, auch auf jede Menge Spinner. Wenn man diese für sich selbst ausblendet, ist mygolf.de überaus nützlich und unterhaltsam.

Aber zurück zum Handicap. Die meisten meiner Freunde und bevorzugten Spielpartner sehen es ähnlich wie ich: Wichtig am Golfen ist nicht das Handicap, sondern die Freude am Spielen. Diese Freude steigert sich naturgemäß, wenn man gut spielt. Wir sind also alle bemüht, besser zu spielen. Wenn man es lernt besser zu spielen und gleichzeitig auch an Turnieren teilnimmt, bleibt es nicht aus, dass sich als Nebeneffekt auch das Handicap verbessert. Dies ist aber nicht das eigentliche Trainingsziel.

Meine Frau spielt zum Beispiel noch gar keine Turniere. Sie will sich selbst nicht diesem Stress aussetzen. Es macht ihr mehr Spaß, mich gelegentlich trotz ihres 54er HCPs in privater Runde zu schlagen (auch Brutto).

Andere titulieren sie – und auch mich, der ich selten Turniere spiele – dafür als „Handicap-Schoner". Soll heißen, im Falle einer unserer seltenen Teilnahmen verschaffen wir uns einen unlauteren Vorteil gegenüber den anderen, weil wir viel leichter als diese den Nettopreis abräumen können.

Ich finde, das ist Quatsch. Niemand wird dazu gezwungen, regelmäßig an Turnieren teilzunehmen. Auch nicht die Häufig-Spieler. Wenn ich in der kommenden Saison mal wieder Turnier spiele und dabei die Bälle so gut treffe, wie oftmals in privater Runde, habe ich sicherlich beste Aussichten auf eine HCP-Verbesserung und ggf. sogar auf einen Turniersieg.

Das wäre dann schön. Und es wäre nicht unlauter. Es wäre für mich lediglich eine offizielle Bestätigung dessen, was ich für mich selbst bereits erfahren habe: Mein Spiel hat sich gegenüber der letzten Saison verbessert. Nicht mehr und nicht weniger bedeutet für mich das Handicap.

Das sage ich allerdings nur deshalb so locker, weil ich die 36er-Marke in der letzten Saison geknackt habe und mir somit der Zutritt auf praktisch allen deutschen und auf den allermeisten europäischen Golfplätzen offen steht. Will man auf die „exklusiveren" Plätze, exklusiv übrigens nur im Sinne der zugelassenen Handicapklassen, muss man dafür eine niedrigere Vorgabe vorweisen. Die Staffelung in Deutschland dürfte ungefähr wie folgt ausfallen:

Ab HCP / Vorgabe bespielbar	Angaben in Prozent (ca.)
54	67
45	10
36	20
28	3

Es gibt meines Wissens keine offizielle Statistik zu diesem Thema. Daher sind die Angaben geschätzt. Das heißt, zwei Drittel aller Plätze sind ohnehin ab Platzerlaubnis bespielbar. So manch einem Golfer reicht das vollkommen aus. Diesen Sportsfreunden kann ihr jeweiliges Handicap dann schnurzpiepegal sein.

Übrigens finde ich es vollkommen legitim, dass einige Clubs den Zugang zum Platz per Mindesthandicap beschränken. Spieler mit „echter" Vorgabe 54 halten den Verkehr nicht auf. Sie sind erstens in der Lage, leidlich Golf zu spielen und verstehen zweitens auch den Sinn der Etikette und des Durchspielen lassen.

Doch zu viele offiziell mit Vorgabe 54 ausgestattete Spieler haben noch nie in ihrem Leben eine Runde 54 über Par gespielt – und werden dies schlimmstenfalls auch nie tun. Sie haben ihre PE entweder in einem Urlaubscrashkurs mit garantierter Platzreife erlangt oder aber ihnen wurde die PE an einem für sie optimal verlaufenden Tag ausgestellt, als sie als Höhepunkt ihrer Karriere 12 Stablefordpunkte über 9 Bahnen erspielten.

Da 18 Punkte über 9 Bahnen einer Vorgabe von 54 entsprechen, wären die über 9 Bahnen erspielten 12 Punkte auf 18 Bahnen hochgerechnet eine Vorgabe von 66 wert. Die deutschen Golfplätze werden in jüngster Zeit mehr und mehr frequentiert von eben diesen „HCP-66-Spielern".

Albatros X 100[1]

Interessant ist übrigens auch die Korrelation zwischen dem Handicap und der Art und dem Preis der vom Handicapinhaber verwendeten Bälle. Man sollte annehmen, je niedriger das Handicap, desto mehr Wert legt ein Spieler auf die Qualität der von ihm verwendeten Bälle. Dem ist aber nicht ganz so.

Zu Beginn seines Golferlebens überschätzt ein jeder Sportsfreund, den Einfluss, den die Verwendung erstklassigen Materials auf die Qualität seines Spiels nehmen könnte. In aller Regel ist es so, dass weder der Kauf eines teuren Drivers, noch der eines 5-Euro-Balles, das Spiel oder dessen Ergebnis um nur einen einzigen Schlag verbessern.

Der Anfänger spielt einfach zu schlecht, um irgendwelche Unterschiede feststellen, geschweige denn ausnutzen zu können. Nur – er merkt dies nicht. Daher geht er zunächst gerne Kompromisse ein und kauft nicht die ganz billigen Bälle, sondern jene im Preisbereich von 1,50 € bis 2 €.

Erst nachdem er bemerkt, dass allzu viele dieser Bälle sehr gerne auf Nimmerwiedersehen im Rough (sprich übrigens „Raff" und nicht „Ruhsch") verschwinden, und sich das Ballbudget allmählich auf Augenhöhe mit dem Mitgliedsbeitrag des Golfclubs bewegt, entscheidet er sich dafür, dass es die billigen Lakeballs fürs Erste doch eigentlich auch tun.

Dann irgendwann, so ab ungefähr Handicap 36, bemerkt der Spieler, dass er zwischen einzelnen Balltypen tatsächlich Unterschiede in den Flug- und Rolleigenschaften feststellen kann. Häufig ist aber auch einfach nur das „Treffgefühl" ein anderes.

---

1   neutralisierter Produktname

„Der *XY* spielt sich viel weicher als der *ABC.*" „Ja und was heißt das nun genau?" „Keine Ahnung. Ich habe einfach ein besseres Gefühl." Das ist dann in der Tat ein wichtiger Aspekt. Mit einem guten Gefühl, auch wenn dieses rein subjektiv ist, gelingen plötzlich auch die schwierigen Putts und Annäherungen. Golfen ist Kopfsache.

Man greift also ab einer gewissen Handicap-Stufe, nach der reinen Lakeball-Periode, langsam wieder zu „besseren" Bällen. Die ganz niedrigen Handicapper spielen dann auch schon mal einen *Albatros X 100*. Der kostet allerdings 5 € – pro Stück! Da sollte man sich schon ganz sicher sein, dass der Materialeinsatz sich auch in eingesparten Schlägen niederschlägt.

Umso erstaunter war ich, als bei einem simplen 9-Loch-Turnier im Bereich meiner eigenen Handicapklasse mein Mitspieler P. (HCP 31,5) vor dem ersten Abschlag kundgab: „Ich spiele einen *Albatros X 100*." „Prima, den werden wir dann immer gleich erkennen", gab ich zurück. Und ab ging's auf die Bahn. Bis einschließlich Bahn 3 lief alles scheinbar normal – HCP entsprechende Spielweise.

Auf der 4 schlug P. seinen Ball dann mit einem eleganten Slice in den rechts das Dogleg definierenden Wall. Die anschließende Suche brachte zunächst kein Ergebnis. Dann fand ich ihn. „Ach nein doch nicht – dies hier ist ein *XY*." „Stimmt, den habe ich auf der 3 vor dem Wasserhindernis ausgetauscht!" „Du hast was??" „Na, ich wollte nicht gleich 5 € riskieren, falls der Ball ins Wasser geht."

Na super! Erst macht er einen auf dicke Hose, spielt mit einem seine Möglichkeiten bei weitem übersteigenden Profiball, und bei der ersten Gelegenheit, bei der dieser durch evtl. zusätzlich erzeugten Backspin vielleicht doch noch einen Vorteil erbringen könnte (hinter Grün Nummer 3 lauert nämlich die Ausgrenze), tauscht er ihn regelwidrig aus.

„Tja, dann haben wir jetzt ein Problem. Du hast mindestens gegen eine Regel verstoßen. Das müssen wir nachher die Spielleitung entscheiden lassen." „So, welche Regel denn?" „Man darf einen Ball nur aufnehmen, wenn dies zum identifizieren erforderlich ist oder aber auf dem Grün. Tauschen darf man ihn schon gar nicht. Es sei denn, er ist kaputt." Da ich die konkrete Regel mit den entsprechenden Sanktionen nicht zur Hand hatte, ließ ich die Schlagzahl auf P.s Scorekarte zunächst offen. Der Fall sollte dann im Clubhaus geklärt werden.

Wer jetzt einen Widerspruch erkennt zwischen meinem bisherigen laxen Verhalten gegenüber beobachteten Regelverstößen und meiner plötzlich an den Tag gelegten Härte, liegt goldrichtig. Es ist widersprüchlich. Aber ich bin auch nur ein Mensch.

Wenn ein Durchschnittsspieler glaubt, durch das Spielen eines Profiballes oder eines 350-Euro-Drivers seinen Status gegenüber den Mitbewerbern verbessern zu können, dann kann er nicht mit meinem vollen Potenzial an Mitgefühl rechnen, wenn sein Bemühen nicht erfolgreich war. Nichts gegen den *X 100* oder gegen die *X 100* Spieler – aber wenn man ihn spielt, dann bitte richtig!

Auf Bahn 5 kam dann die Retourkutsche. Mein Abschlag landete auf diesem Par 3 auf dem Vorgrün. P.s zweiter Schlag vor meinem Ball auf dem Grün. Ich bat P. nun seinen Ball aufzunehmen, da ich mich durch seinen Ball beim Putten behindert sah.

„Du hast kein Recht, dies zu verlangen. Dein Ball liegt noch auf dem Vorgrün!" „Das ist unerheblich. Du kannst entweder vorspielen oder den Ball aufheben." „Du zwingst mich zum Aufheben – das ist auch ein Regelverstoß!" Äh, ja. Da ich auch in diesem Fall die konkrete Regel nicht zur Hand hatte, schlug ich vor, auch diesen Fall im Clubhaus zu klären.

Die beiden Fälle wurden dann wie folgt entschieden[2]:

22-2 Ball behindert Spiel

Außer wenn ein Ball in Bewegung ist, darf ein Spieler einen anderen Ball aufnehmen lassen, wenn er glaubt, dass dieser Ball sein Spiel behindern könnte. Ein nach dieser Regel aufgenommener Ball muss zurückgelegt werden (siehe Regel 20-3). Der

---

2   Siehe hierzu das einschlägige Web-Portal rules4you.de

Ball darf nicht gereinigt werden, außer er hat auf dem Grün gelegen (siehe Regel 21). Im Zählspiel darf ein Spieler, der zum Aufnehmen seines Balls aufgefordert wird, stattdessen zuerst spielen.

15-2 Neu eingesetzter Ball

Ein Spieler darf einen Ball ersetzen, wenn er nach einer Regel oder Regeln verfährt, die dem Spieler erlaubt, zum Beenden des Lochs einen anderen Ball zu spielen, fallen zu lassen oder hinzulegen. Der neu eingesetzte Ball wird zum Ball im Spiel. Ersetzt ein Spieler einen Ball und ist ihm dies nach den Regeln nicht erlaubt, so ist der neu eingesetzte Ball kein falscher Ball; er wird zum Ball im Spiel. Wird der Fehler nicht wie in Regel 20-6 vorgesehen behoben und macht der Spieler einen Schlag nach dem fälschlicherweise neu eingesetzten Ball, so verliert er im Lochspiel das Loch oder zieht sich im Zählspiel eine Strafe von zwei Schlägen nach der anwendbaren Regel zu und muss im Zählspiel das Loch mit dem neu eingesetzten Ball zu Ende spielen.

Das heißt, P. erhielt zwei Strafschläge an Bahn 3, ich selbst blieb an Bahn 5 wie erwartet straffrei.

Kapitel 6

Psychologie

Der 1. Abschlag / Tee No. 1

Der erste Abschlag ist immer der schwerste Abschlag. Zwar kommt man in der Regel nicht direkt vom Parkplatz auf die Bahn, sondern über den Umweg Driving Range, auf der man schon ein paar Schwünge geübt hat, jedoch ist die psychologische Situation auf dem Platz eine komplett andere als auf der DR. Ab hier wird gezählt. Ab hier wird das Ergebnis festgehalten. Zumindest im Kopfe. Und zumindest bei den meisten Spielern.

Einigen Stoikern ist nach Erlangung der Platzerlaubnis eh alles egal, aber diese bilden die absolute Ausnahme. Im Normalfall ist man gespannt darauf zu erfahren, ob man die Performance von der DR tatsächlich auf den Platz übertragen kann. Somit ist die Spannung dort per se höher.

Unser Head Pro – mehr zu ihm weiter unten – sagt, dass er sich vor dem 1. Abschlag bei wichtigen Turnieren auch schon mal kurz in die Waschräume zurückziehen muss, um sich dort auf verschiedene Art und Weise zu erleichtern. „Wenn dieses Kribbeln nicht mehr da ist, bringt es auch gar keinen richtigen Spaß mehr."

Auf unserem Heimatplatz kommt noch erschwerend hinzu, dass dort im normalen Spielbetrieb keine Abschlagszeiten vergeben werden. Das heißt, man geht zum Tee No. 1 und guckt, ob die Bahn frei ist. Falls ja, legt man direkt los. Falls nein, stellt man sich an und wirft ggf. einen Ball in die Ballspirale um die Spielreihenfolge gegenüber den anderen wartenden Spielern zu definieren.

Dies bedeutet: An Wochenenden tummelt sich zumeist ein lustiges Völkchen von Wartenden direkt neben den gelben Markierungen des Herrenabschlags. Und was tun die alle? Sie gucken natürlich zu, wie ihre Vorgänger abschlagen. Sie sind dabei zwar keinesfalls so kritisch, wie sich der jeweils Abschlagende dies gerade vorstellt, aber sie gucken eben zu.

Dies bringt die Gefahr eines Gesichtsverlustes mit sich, sollte man den 1. Abschlag toppen, ins Aus befördern, nicht über den Damenabschlag hinaus bringen oder sonst irgendwelche Dinge mit ihm anstellen, die man sich solange in aller Ruhe ausmalen kann, bis der Vorflight endlich um das erste Dogleg herum verschwunden ist.

Für Anfänger ist diese Situation der Horror hoch 10! Unsere Bahn 1 ist nur die dreizehnt-schwerste – nach Ermittlung durch einige Testspieler auf Profi-Niveau. Die haben aber leider nicht berücksichtigt, dass der Anfänger mit zittrigen Händen am 1. Abschlag steht und sich fortwährend fragt, was sich die anderen jetzt wohl gerade denken.

Die denken sich gar nichts! Allenfalls denken sie: „Au weia, gleich bin ich dran." Oder: „Armes Schwein, so ging es mir früher auch immer." Keinesfalls aber denken sie: „So ein lächerlicher Versager. Der hat einen Schwung wie unsere Terrassentür." Nur das weiß der Anfänger leider nicht. Deswegen heißt er ja Anfänger.

Ich vermute einmal, dass aus diesen Gründen auf allen Bahnen 1 dieser Welt mit die schlechtesten Scores erzielt werden, unabhängig davon, was das jeweilige Course-Rating im Detail besagt. Speziell auf unserer Bahn 1 habe ich volle zwei Jahre benötigt, um einigermaßen ruhig an den Abschlag zu kommen und dann einigermaßen vernünftige Schläge zu produzieren.

Inzwischen gelingt mir ab und an sogar ein Wintergrün-Par. Die Bahn ist 320 Meter lang, bis zum Wintergrün misst sie ca. 300 Meter. Sie weist nach ca. 80 Metern ein Heckentor auf, durch das man hindurch spielen muss, unmittelbar rechts dahinter lauert die Ausgrenze. In ca. 170 Metern Entfernung wartet der Fairway-Bunker. Genau diesen versuche ich jetzt immer zu treffen.

Da meine Abschläge aber noch zu unpräzise sind, liege ich meistens kurz davor oder daneben, selten darüber hinaus, und so gut wie nie darin. Die früher immer wieder gern genommenen Hecken links und rechts sowie die Ausgrenze habe ich lange nicht mehr getroffen. Ich habe es endlich gelernt, mich nur auf meinen Schwung und auf den Ball zu konzentrieren (meistens). Golfen ist Kopfsache.

Unsere Pros

Unser Head Pro ist ein Engländer wie er im Buche steht. Distinguiert und mit einer überbordenden Portion Humor ausgestattet. Sein Lachen erschallt über den gesamten Bereich der DR und des Clubhausareals. Er ist ca. mitte 50 und man sieht ihm seine Lebensfreude auch ein wenig an seiner Figur an (die ist nicht mehr ganz stromlinienförmig). Doch wehe, wenn er loslegt. Dann wird aus einem behäbig erscheinenden Wasserbüffel in Sekundenbruchteilen eine grazile Gazelle. Sein Schwung wirkt schwerelos elegant. Präzision ist sein zweiter Vorname. Wow!

Neben seinen herausragenden sportlichen Qualitäten ist er aber auch noch ein fantastischer Golflehrer („schlag Richtung 13 Uhr – dann kommst Du *square* an den Ball") und ein Superpsychologe. Meine Frau weiß davon zu berichten … Sie ist technisch sehr begabt, hatte aber einige Zeit lang trotzdem Probleme mit dem Ablegen der Platzerlaubnis. Unter dem psychischem Druck einer Turniersituation versagten ihr regelmäßig die Nerven. Abhilfe sollte da eine Platzrunde mit dem Head Pro bringen.

Die ersten beiden Bahnen verliefen durchwachsen. Technisch sehr gute Schläge wechselten sich mit Rohrkrepierern ab. Von einem Punktepolster konnte keine Rede sein. Der Abschlag auf der dritten gespielten Bahn (unsere Bahn 12) erfolgte mit zittrigen Händen und er wurde getoppt. Die Gesichtsmimik meiner Frau verriet: „Gleich muss ich heulen!"

Da kam des Head Pros großer Einsatz. „Annette, was hast Du für ein Problem? Du kannst doch Golfen – das kann jeder sehen. Wenn wir gleich ins Clubhaus kommen, schreibe ich, Platzerlaubnis erteilt. So, und nun mach Dir keinen Kopf und spiel noch ein bisschen weiter." Von da an traf meine Frau jeden Ball. Schon vor Ende der Runde hatte sie die erforderliche Punktzahl erreicht. „Ich gratuliere zur PE!", grinste unser englischer Schelm.

„Danke, aber sag mal, das war doch nur ein Trick von Dir oder war das Dein Ernst, dass Du vorhin gesagt hast, Du erteilst mir auf jeden Fall die PE?" „Wieso, es war doch klar, dass Du das schaffst. Und hier steht es ja auch schwarz auf weiß." Bis heute wissen wir nicht, ob es ein Trick war oder nicht. Wie auch immer, Golfen findet im Kopf statt. Und das weiß der alte Fuchs besser als jedermann sonst.

Unser zweiter Pro ist Schotte, von eher länglicher Gestalt. Er repräsentiert auch mehr die schottische Art von Humor und Psychologie. Sie könnte umschrieben werden mit „Coaching by Anstacheling". Das geht dann in etwa so: „Sag mal Thomas, weißt Du eigentlich wie bescheuert das aussieht? Das sieht total behindert aus! Guck mal so macht man das!" Spricht's und feuert, das Holz5, mit mir diskutierend, bis ans Ende der DR-Zone. Den Ball natürlich – nicht das Holz5.

Das ist recht flapsig. Und man muss damit umgehen können. Er weiß natürlich genau, mit wem er so reden kann und mit wem besser nicht. Grundvoraussetzung um bei ihm lernen zu können, ist das Verständnis von Ironie. Manchmal hat er zwar diesen Blick, den ein Laie deuten könnte mit: „Oh Gott, diese Idioten lernen es nie!", aber in Wirklichkeit hat er seine Schäfchen alle lieb. Und wir Schäfchen lieben ihn.

Unser länglicher Schotte veranschaulicht also stets sehr plastisch und gut, wo die Fehler liegen. Er zeigt aber auch sehr genau, wie es richtig geht. Und dass Welten zwischen dem liegen, was man selbst so anstellt und dem, wie es eigentlich aussehen sollte. Man entwickelt auf diese Art und Weise den Ehrgeiz, ihm keine Gründe mehr für eine Veräppelung zu liefern, und ihm stattdessen zu demonstrieren, dass man es annäherungsweise auch irgendwie kann.

Mit diesem Wissen geht man dann auf die Bahn. Ob man es dort sogleich umsetzen kann, ist natürlich die zweite Frage. „Ja, natürlich. Wenn Ihr es nicht sofort versucht umzusetzen, schafft Ihr das nie!", sagt unser Langer. Merke: Man muss anfängliches Scheitern bewusst in Kauf nehmen, um daraus lernen und sich weiter entwickeln zu können.

Heute hopp, morgen topp!

Meinen Freund Lorenzo hat der Leser bereits kennen und schätzen gelernt. Ein weiterer Freund, mit dem ich schon seit vergangenen Tenniszeiten im Wettstreit liege, ist Konstantin. Im Tennis habe ich gegen ihn in der Regel den Kürzeren gezogen. Kein Wunder – wurde Konstantin doch bereits in jungen Jahren von US-Meistertrainer Nick Bolletieri gesichtet. Er hat sich dann zwar doch für einen vernünftigen Beruf entschieden, doch etliche Jahre an Trainingsvorsprung konnte ich nie wirklich aufholen.

Nach meiner ersten Golfsaison konnte ich auch ihn für meine neue Königsdisziplin begeistern. Nun hatte *ich* ein Jahr Trainingsvorsprung – was für eine herrliche Gelegenheit, nun einmal *ihm* zu zeigen, wo der Hammer hängt! Ich drückte ihm ein Eisen7 in die Hand und sagte: „Mach mal!". Machte er dann auch. Und es lief gut. Bereits nach wenigen Wochen meldete er sich zur PE-Abnahme an.

Die lief dann nicht so gut. Die Bälle flogen häufig ganz merkwürdig nach links. „Sag einmal Konstantin, mit welchem Arm hast Du denn früher Tennis gespielt?", fragte der Pro. „Mit links", antwortete Konstantin. „Dann solltest Du vielleicht auch einmal versuchen, mit links Golf zu spielen?!!", schlug der Pro vor.

„Thomas, warum hast Du mir einen Schläger für Rechtshänder in die Hand gedrückt?" „Weil ich keinen anderen habe. Du musst doch wohl selbst wissen, dass Du Linkshänder bist!" „Und was mache ich jetzt mit dem gekauften Komplettsatz für Rechtshänder?"

Tja, auch im Golfen läuft eben nichts ohne einen guten Plan. Irgendwann hat Konstantin dann die PE mit links absolviert. Der Komplettsatz für Rechtshänder ist immer noch günstig abzugeben. In der vergangenen Saison kam Konstantin beruflich bedingt selten zum Spielen. Jetzt im Winter war es endlich soweit. Wir konnten mal wieder unsere Kräfte messen.

Aufgrund meines Trainingsvorsprungs hatte ich eigentlich einen klaren Qualitätsunterschied erwartet. Doch nachdem ich die ersten vier Putts nicht lochen konnte, lag ich lediglich einen Schlag vorn. Von wegen – zeigen wo der Hammer hängt … Auf Bahn 5 gelang mir endlich ein Bogey. Immerhin. Insgesamt war das Resultat aber eher ernüchternd. Es entsprach nach 9 Bahnen ungefähr HCP 40.

Nur eine Woche später spiele ich eine Runde mit Freund Lorenzo. Dem musste ich nichts mehr beweisen. Der wusste schon, dass ich Golf spielen kann. Das Resultat nach 9 gespielten Bahnen entsprach ungefähr HCP 20. Das beste Ergebnis meiner bisherigen „Golfkarriere".

Wie kann das sein? Innerhalb von nur einer Woche habe ich mich um 20 Schläge verbessert? In der dazwischen liegenden Woche hatte ich nicht trainiert, mir nur vorgenommen, einen stabileren Stand einzunehmen (Achse beibehalten). Aber das bringt doch nur einen, vielleicht zwei Schläge pro Runde?

Im Nachhinein muss ich feststellen, der einzige signifikante Unterschied bestand darin, dass ich im Spiel mit Konstantin unbewusst angespannt war, im Spiel mit Lorenzo hingegen total locker. Natürlich habe ich mir auch bei Konstantin nicht ständig gesagt: „Den musst Du weg hauen" oder irgendeinen ähnlichen Unsinn, aber irgendwo war da tief in mir drin doch das Bedürfnis, den inzwischen erarbeiteten Niveauvorsprung zu demonstrieren. Kindisch, ich weiß!

Daraus habe ich gelernt, dass man niemals sein eigenes Spiel in Relation zum Spiel eines Mitspielers sehen darf. Spiele immer nur gegen Dich selbst und Du wirst das bestmögliche Ergebnis erzielen. Sobald Du auf den Mitbewerber schielst oder versuchst, seine tollen Schläge zu kopieren oder gar zu übertreffen, hast Du bereits verloren. Nicht unbedingt gegen den Mitbewerber – aber gegen Deinen Versuch, das Beste aus Dir selbst herauszuholen. Achte immer nur auf Dich und auf Dein eigenes Spiel!

Triumphe moderat feiern

Nach der meinerseits wunderbaren Runde mit Lorenzo oder genauer gesagt bereits während dieser Runde, befand ich mich in emotional höheren Sphären. In dem Moment, wo mir ein Par gelang, war ich hellauf begeistert und verlieh meiner Freude Ausdruck durch ein jauchzendes: „Jaaa, ein Par!!" Mein Mitspieler war in diesem Moment nur mittelmäßig begeistert, denn er hatte noch seinen Putt zum Doppel-Par vor sich.

Natürlich konnte er sich auch für mich freuen. Aber erstens stärken überbordende Gefühlsausbrüche der Mitspieler nicht die eigene Konzentration und zweitens ist man nicht übermäßig begeisterungsfähig, wenn man selbst gerade weit unter seinen eigenen Möglichkeiten spielt.

Hieraus habe ich gelernt: Triumphe sollten immer moderat und mit Respekt vor dem Gefühlsleben der Mitspieler gefeiert werden. Verstärkte Euphorie sollte man am Besten nur dann ausleben, wenn auch die Mitspieler sich in einem ähnlichen Stimmungshoch befinden. Ansonsten könnten sie die eigene Freude fälschlich als Häme interpretieren.

Also Freunde, bitte ruft nicht nach jedem gelungenen Schlag „Tschacka!" oder „Ole, Ole, Superfairway, Ole, Ole!"

Natürlich tauscht man an Loch 19 immer kurz die Spielergebnisse und -erlebnisse aus. Doch sollte man mit feinem Gespür darauf achten, ob sich wirklich ein Austausch entwickelt oder vielleicht doch eher eine Präsentation. Nichts ist nerviger, als sich eine viertel Stunde lang anhören zu müssen, wie toll doch alles lief und dass man es sogar noch viel toller kann. Gähn …

Ganz schlimm wird es, wenn auch Nicht-Golfer mit am Tisch sitzen. Glaubt mir, liebe Leser, die Nicht-Golfer wissen es sehr zu schätzen, wenn Ihr mal für eine halbe Stunde das Thema wechseln könnt. Na ja, richtig würdigen tun sie dies natürlich nur, wenn sie zuvor das Gegenteil erlebt haben. Also, einmal die volle Golf-Dröhnung ist erlaubt, aber irgendwann (…) bitte auch wieder auf den Erdboden runter kommen!

Lorenzo hat sich übrigens neidlos mit mir über meine tolle Runde gefreut. „Mensch super, das war Handicap 8, das kann ich Dir dann beim nächsten Mal als EDS bestätigen!" „Äh, das ist nett, aber erstens waren das hier heute Wintergrüns, da würde ich ca. 12 Schläge pro Runde drauf rechnen, und zweitens ist das nicht ganz regelkonform – man muss EDS-Runden als solche vorher ankündigen." Er hat mich dann wieder als „typisch deutsch" tituliert, aber damit kann ich leben.

Die Hecke an Bahn 16

Unsere Bahn 16 habe ich in der Rubrik Strategie schon einmal angesprochen. Trifft man den Abschlag optimal, so durchquert er nach ca. 180 Metern ein Heckentor und bleibt bei ca. 200 Metern mittig auf dem Fairway liegen, bereit zum Angriff auf das im 90-Grad-Winkel hinter der Hecke platzierte Grün dieses 332 Meter langen Par4.

Trifft man den Abschlag nicht optimal, was bei Spielern meiner Vorgabenklasse leider die Regel ist, liegt man im positiven Fall irgendwo weit genug vor der Hecke, um mit dem zweiten Schlag die Option zu haben, diese zu überqueren.

Hier mischen sich nun Strategie und Psychologie. Man hat drei Optionen:

1. klein beigeben und um die Hecke herum spielen.
2. die Hecke in einem stumpfen Winkel überqueren, um mit mittlerem Risiko irgendwo vor dem Grün zu landen.
3. die Hecke in einem extrem spitzen Winkel überqueren, mit der Chance direkt das Grün zu treffen, gleichzeitig aber Gefahr laufend, irgendwo auf dem langen Parallelflug über die Hecke den jähen Absturz zu erleben.

Der coole Goran, der mich einmal auf meiner Runde begleitete, hat hier keinerlei Entscheidungsproblem: „Geh immer volles Risiko, sonst verbesserst Du Dich nie!"

Hmmm. Er mag ja vielleicht sogar Recht haben. Aber … dass ich das Heckentor nicht gleich mit dem Abschlag passiert habe, zeigt doch, dass ich gerade nicht optimal drauf bin. Und die Wahrscheinlichkeit, dass mein Ball sich bei Wahl von Option 3 irgendwo in der

Hecke verheddert, liegt bei ca. 70 Prozent. Ist mir der theoretische Übungseffekt jetzt einen verlorenen Ball wert? Oder sogar zwei?

Bislang habe ich meine Entscheidung hier stets sibyllinisch getroffen: Fühle ich mich gut, dann attackiere ich die Hecke in einem mittleren Winkel. Drum herum spielen ist sowieso unwaidmännisch.

Jedes mal, wenn ich zukünftig in diese Situation komme, werde ich den Winkel etwas spitzer ansetzen. Auf diese Art und Weise hoffe ich einen allmählichen Trainingseffekt zu erzielen und mich dabei langsam dem Optimum anzunähern, ohne dabei allzu viele Bälle zu verlieren.

Kapitel 7

Kleiderordnung

Was den Status beim Golfen beeinflusst, hatten wir oben bereits angesprochen. Autos müssen auf dem Parkplatz abgestellt werden, tolle Frauen (wahlweise tolle Männer) tummeln sich zumeist in abweichenden Handicapklassen und können daher erst ab Loch 19 wieder im vollen Umfang ins Spiel gebracht werden. Was auf dem Platz also bleibt, ist, von den gelegentlichen Darbietungen der Alphamännchen einmal abgesehen, nur die eigene Performance. Blöd. Und was ist mit der Kleidung?

Diese spielt entgegen allen Mutmaßungen von Nicht-Kennern der Szene eine recht untergeordnete Rolle. Die Funktionalität steht hier eindeutig im Vordergrund. Schließlich muss man sich frei und dynamisch bewegen können. Kleidung darf nicht zu warm und nicht zu kalt sein. Sie muss vor Regen, Nässe und Wind schützen und sie muss auch den Kontakt mit Dornen, Gestrüpp und Matsch unbeschadet überstehen. Dennoch verfügen die meisten deutschen Golf Clubs über eine Kleiderordnung. Wozu?

Ärmellose Tops sind dort verboten, heißt es. Und Blue Jeans werden in den allermeisten Clubs gar nicht gern gesehen. Wo genau verläuft die Grenze zwischen Erlaubtem und Unerlaubtem?

Golf ist ein sehr traditioneller Sport, der ehedem nur von Gentlemen betrieben wurde. Diese waren selbstverständlich auf ein stilvolles Äußeres und auf Ästhetik bedacht. Traditionen fortzuführen empfinde ich grundsätzlich als etwas Positives. Unter anderem stärken sie das Zugehörigkeitsgefühl.

Aber die Zeiten ändern sich. Heutzutage empfinden viele Menschen den Anblick von Jeans als ästhetischer, denn als den von karierten Hosen. Aber darüber darf trefflich gestritten werden. Unstrittig im Kreise meiner Golffreunde ist allerdings: Jeans sind auf jeden Fall ästhetischer als Jogginghosen!

Wenn hierüber Konsens besteht, ist klar: Jogginghosen haben auf dem Golfplatz nichts zu suchen. Dies gilt dann sicherlich ebenso für Badelatschen (schon aus funktionalen Gründen), Badehosen und für Kartoffelsäcke.

Im Ernst: Vergleichen wir den Besuch eines Golfplatzes mit dem eines Restaurants. Man kann heutzutage auch in Firstclass Restaurants gehen, ohne sich großartig aufbretzeln zu müssen. Ein bisschen Stil und geschmackvolles Äußeres sollten aber schon sein. Nur, Jeans stehen nicht unbedingt im Widerspruch hierzu. Man sieht also, es ist für die Clubs extrem schwer, „geschmackvolles Äußeres" zu definieren. Daher bedient man sich als Hilfsmittel hierfür der Jeans und der ärmellosen Hemden. Solange es keine bessere Definition gibt, kann ich das auch sehr gut verstehen. Erweisen wir also unseren Mitspielern auch durch Einhaltung der Kleiderordnung einfach einen gewissen Respekt. Schaden kann es bestimmt nicht!

Keine Erwähnung in der Kleiderordnung finden bislang die vor allem durch den Profispieler John Daly bekannt gewordenen Hosen aus der schrillen *XYZ*[3]-Kollektion. Hier spaltet sich die Golfgemeinde. Die einen sagen: „Was für ein Clown – mit so einem Outfit hat man auf dem Golfplatz nichts zu suchen." Die anderen sagen: „Soll er doch. Solange er spielt, wie er spielt, kann er tragen, was er will. Der bringt wenigstens ein bisschen Leben in die Bude."

In der Breite durchgesetzt hat sich derlei schrilles Outfit auf deutschen Plätzen bislang noch nicht. Um *XYZ* tragen zu können, bedarf es schon eines außerordentlich ausgeprägten Selbstbewusstseins. Und dieses am besten gepaart mit einer guten bis sehr guten Spielperformance. Ansonsten geht der Auftritt doch bedenklich in Richtung Clown.

---

3   Wir nennen hier keine Produktnamen!

Kapitel 8

Aller Anfang ist schwer

Anfängerkurs

Anfängerkurse laufen allerorten vermutlich gleich oder ähnlich ab (8 Doppelstunden innerhalb von 4 Wochen, 10–20 Personen werden aufgeteilt in 3 Gruppen, die sich abwechselnd mit Abschlägen, kurzem Spiel oder Putten beschäftigen. Dazwischen Theorieunterricht, Videoanalysen und erste Versuche auf dem Platz).

Ich will daher nicht auf technische Einzelheiten eingehen, sondern auf die Themen Motivation sowie Effizienz und Ergebnis. Sind Anfängerkurse die beste Art zu lernen oder nimmt man besser Einzelstunden beim Pro? Oder versucht man es gar in Eigenregie, ggf. unter Anleitung eines erfahrenen Golfers?

Die Motivation der Teilnehmer unseres Anfängerkurses war von höchst unterschiedlicher Natur:
- Viele meiner Geschäftsfreunde spielen Golf. Da ist es gut fürs Business, wenn man auch mal zusammen auf den Platz gehen kann.
- Ich muss mich bewegen – ich bin zu fett!
- Ich kann kein Tennis mehr spielen – mein Knie.
- Meine Freunde tun das auch.
- Ich habe Golf im Fernsehen gesehen – die sehen alle so entspannt aus.
- Ich will einfach nur Spaß!
- Ich habe schon so viel darüber gehört – nun bin ich einfach neugierig.

Wie diese Vielfalt an Motivation schon vermuten lässt, erwiesen sich die Teilnehmer im Verlauf des Kurses und auch danach als unterschiedlich geeignet und auch mit verschieden großem Antrieb ausgestattet, das primäre Ziel Erlangung der Platzerlaubnis (PE) weiter zu verfolgen.

Nach einem viertel Jahr (4 Wochen Kursus und 8 Wochen individuelles Training in Eigenregie) konnten die 16 Kursusteilnehmer folgende Resultate vorweisen:

- 4 Teilnehmer verfügten über die Platzerlaubnis
- 2 weitere über die eingeschränkte PE
- 2 waren zu einem anderen heimatnäheren Club gewechselt
- 4 waren noch fleißig am trainieren
- 2 hatten ausgesetzt (Zeitmangel)
- 2 waren gänzlich abgesprungen

Dieses Ergebnis spricht für eine erhebliche Effizienz. Vermutlich wäre das Einzeltraining beim Pro zwar noch effizienter gewesen, aber dies konnte man ja im Anschluss an den Kursus immer noch nehmen.

Die drei Hauptvorteile von Anfängerkursen sind meines Erachtens:
- Ein überschaubarer finanzieller Aufwand.
- Das gemeinsame Training mit Gleichgesinnten, mit den Nebeneffekten, einander kennen zu lernen und auf einander Rücksicht zu nehmen.
- Das strukturierte Erlernen der Etikette und des Verhaltens auf dem Platz.

In diesen Punkten weisen die alternativen Herangehensweisen Einzeltraining beim Pro sowie Lernen bei Freunden deutliche Defizite aus. Lernen bei Freunden beinhaltet zudem natürlich auch qualitativ etliche Fragezeichen.

Inzwischen sind 10 von 16 ehemaligen Kursusteilnehmern zu „richtigen" Golfern geworden. Das heißt, sie gehen entweder als reguläre Clubmitglieder, als Spieler des VcG, als Fernmitglieder oder einfach nur auf öffentlichen Plätzen dieser schönsten aller sportlichen Betätigungen nach. Bei zweien besteht noch Hoffnung. Nur bei vier von 16 Teilnehmern ist die weitere Entwicklung unbekannt.

Das ist wie ich finde eine verblüffend hohe Erfolgsquote. Und sie bestätigt meine weiter oben getroffene These: Vorsicht Suchtpotenzial!

Training

Um gut zu spielen und dabei möglichst viel Spaß zu haben, muss man natürlich auch üben. Ohne Fleiß kein Preis. Und ohne Übung auf der DR fehlen dir Sicherheit und Selbstbewusstsein auf dem Platz.

Wie sollte das Training am besten ablaufen, um möglichst effizient, gleichzeitig aber auch kurzweilig und unterhaltsam zu sein? Welche Schläge sind beim Golfen besonders wichtig und sollten als erste in Relation zur eigenen Leistungsfähigkeit perfektioniert werden? Die meisten Anfänger würden antworten: Na klar, das ist der Abschlag. Ohne einen guten Abschlag komme ich gar nicht erst in die Position, ein vernünftiges Ergebnis erzielen zu können.

Diese Aussage stimmt aber nur bedingt. Unterstellen wir einmal, der Anfänger hat ein gewisses Standardniveau erreicht. Er ist damit in der Lage, den Abschlag zwischen 100 Meter und 140 Meter einigermaßen geradeaus zu schlagen (ich rede hier von Männern).

Mit dem zweiten Schlag liegt er dann bei ca. 250 Meter. Nun kommt es ganz besonders auf die Qualität des dritten Schlages an. Ist man damit in der Lage, das Grün eines Par4 zu erreichen? Wenn ja, dann ist damit trotz eines eher mäßigen Abschlags immer noch die große Chance für ein Bogey gegeben. Dies entspricht bei einem Anfänger zwei unter Par!

Somit kommt dem Schlag, mit dem ich das Grün erreichen kann, die entscheidende Bedeutung zu. Bei diesem kann es sich je nach Entfernung um einen vollen Schlag mit einem kürzeren Eisen handeln oder aber um einen Pitch oder einen Chip. Zu beachten ist bei diesem in der Regel dritten Schlag, dass er wegen der rund ums Grün lauernden Hindernisse eine ganz besondere Präzision erfordert.

Kurzum: Mit einem guten kurzen Spiel bin ich jederzeit in der Lage, schlechtere Abschläge oder Fairwayschläge zu kompensieren. Der Schwerpunkt des Trainings sollte also vor allem bei Anfängern auf dem kurzen Spiel liegen.

Und wie erlernt man am besten das kurze Spiel? Zunächst einmal mittels Einweisung durch den Pro. Der zeigt, wie es eigentlich funktionieren sollte. Seinen Erklärungen sollte man äußerst wachsam folgen. Hat man nicht alle Feinheiten sofort erfasst, kann man die erste Lektion auch gerne wiederholen!

Nächster Schritt ist dann der Versuch, das Gesehene auf der Chipping Area im Bereich der Driving Range umzusetzen. Stellt Euch in unterschiedlichen Entfernungen zum Übungsgrün auf und versucht wie gelernt, den Ball darauf zu platzieren. Vergrößert die Entfernung schrittweise.

Versucht es zum Schluss aus mindestens 30 Metern, denn dass ist in etwa die Entfernung, die einen Jeden zu Beginn seines Golferlebens vor die größten Probleme stellt. Hier ist kein voller Schwung mehr angebracht. Ein kurzer Chip ist aber nicht lang genug. Wer hier keinen Plan hat, hat das Loch schon verloren.

Damit das Training nicht allzu eintönig wird, sollte man natürlich möglichst häufig auf die Bahn. Vor Erlangung der PE und auch immer wieder danach, hat uns das Spielen auf einem öffentlichen Kurzplatz die Möglichkeit eröffnet, das kurze Spiel in der Praxis zu erproben. Der Kurzplatz ist die ideale Ergänzung zu den Trainerstunden und zur DR.

Man sollte dort allerdings nicht zu sehr auf das erzielte Ergebnis achten, sondern primär den Trainingseffekt im Auge haben. Soll heißen, will ich immer mit der optimalen Schlagzahl einlochen, schlage ich jeden Abschlag vom Tee. Ist die Score eher sekundär und ich will vorrangig üben, dann schlage ich auch schon mal vom Boden ab, um somit die finalen Fairwayschläge zu simulieren.

Wenn das kurze Spiel inklusive der finalen Fairwayschläge irgendwann einmal sitzt bzw. einen in Relation zur eigenen Leistungsfähigkeit akzeptablen Stand erreicht hat, kann man sich wieder den Abschlägen zuwenden. Das dann aber bitte unbedingt wieder unter Anleitung eines Pros.

Ich habe in meiner zweiten Saison versucht, zur Selbsthilfe zu greifen. Mit den skurrilsten Resultaten. Unterm Strich mit Stagnation. So hatte ich mir zum Beispiel überlegt, dass ich im Treffmoment ja mein linkes Bein belasten sollte. Warum also nicht schon in der Ansprechposition links belasten, dann zwischenzeitlich beim Ausholen nach rechts schwenken und dann wieder in die Ausgangsposition nach links? Der Körper müsste doch daran interessiert sein, automatisch in die Ausgangsposition zurückzukehren?

Vergesst diesen Unsinn! Versucht es als erstes einmal so wie der Trainer es sagt – der verfügt da über gewisse Erfahrungswerte ...

Und bitte nicht mehr als zwei, maximal drei Körbe hintereinander weg schlagen. Jeder mit Bedacht geschlagene Ball bringt einen höheren Trainingseffekt als 100 in kurzer Folge ohne Reflektion hintereinander geschlagene Bälle. Nur wenn man verinnerlicht, wo der Fehler liegt, kann man diesen auch korrigieren. Und bewusst korrigieren ist allemal besser, als auf ein Wunder zu hoffen!

Wenn die Abschläge dann einigermaßen sitzen, kann man sich irgendwann den Hybrid- oder Holzschlägen vom Fairway zuwenden. Diese unterscheiden sich im Wesentlichen durch eine flachere Schwungkurve von den Eisenschlägen. Das Grass wird gewissermaßen rasiert. Hölzer und Hybride erzeugen per se durch das niedrigere Loft und die größere Schlägerkopfgeschwindigkeit mehr Länge als die Eisen.

Hybride und Hölzer vom Fairway direkt aufs Grün zu schlagen ist dann die hohe Schule des Golfens. Da dies nicht immer funktioniert, müssen bei Zeiten auch die Bunkerschläge wieder aufgefrischt werden.

Und was ist mit Putten? Putten ist derjenige „Schlag" im Golf, bei dem das Verhältnis zwischen erforderlichem Gefühl und erforderlicher Technik deutlich zu Gunsten des Gefühls ausschlägt. Man sollte schon einmal den Begriff Pendelbewegung gehört haben und man sollte bei diesem Schlag eben nicht schlagen, sondern mit dem Schläger durch den Ball hindurch pendeln. Alles andere ist Gefühlssache und eine Frage der Übung.

Alles klar? Beim Training empfiehlt sich also immer ein sukzessives Vorgehen. Nicht gleich am Anfang alles wollen, sondern sich von Anfang an schrittweise dem Ziel nähern. Das vermeidet Frust.

Die Schlägerkopfgeschwindigkeit kann man auch später noch erhöhen, wenn man erstmal einen stabilen Schwungablauf etabliert hat. Und ein sauberer Treffpunkt hat allemal auf die erzielte Länge einen deutlich größeren Einfluss als die Schlägerkopfgeschwindigkeit. Also: In der Ruhe liegt die Kraft!

Auf dem Platz

Durch das Spielen auf dem Kurzplatz und das Üben auf der DR gewappnet, haben wir es also tatsächlich geschafft, die Platzerlaubnis zu erlangen. Möglicherweise war es eine reine Nervenschlacht, Bälle sprangen von Begrenzungspfählen zurück in das soeben überquerte Wasserhindernis, Bäume stellten sich unvermutet und heimtückisch in den Weg des sich Mühenden, doch irgendwann kamen die erlösenden Worte: „Thomas, Du hast die Platzerlaubnis geschafft – ich gratuliere!"

Das ist der Moment, in dem die Last der gesamten Welt von sämtlichen Schultern des geschundenen Körpers fällt. Hierauf hat man monatelang hingearbeitet. Jetzt kann nichts mehr passieren. Man kann ab sofort so dümmlich spielen, wie man will. Die PE wird Dir nicht mehr entzogen. Großartig. Man fühlt sich gleich 10 Zentimeter größer. Nicht, dass ich vorher klein war, aber Wow – jetzt gehöre ich dazu!

Nun dürfen wir also auf den Platz. Und schon sind wir wieder nervös. Haben wir auch alles Notwendige dabei? Verpflegung und Wasser, ausreichend für 9 oder gar für 18 Loch. Oh, Gott – halten wir 18 Bahnen überhaupt durch? Wir hatten doch schon nach jeder DR-Einheit Muskelkater ohne Ende. Die Pitchgabel ist sehr wichtig. Bälle und Tees sowieso. Das Tuch zum Bälle säubern. Und je nach Wetterlage Regenjacke, Regenschirm oder eine Schirmmütze gegen allzu große Sonneneinstrahlung.

Ach ja, und das Regelbuch nicht vergessen. Falls einem jemand dumm kommt, kann man dann immer gleich sagen: „Dann zeig mir doch bitte mal, wo das steht!"

So, nun geht's aber los. Und mit wem? Na klar, mit den Jungs und Mädels aus dem Anfängerkurs. Die waren doch alle so nett. Und die lachen auch nicht gleich, wenn es bei uns nicht sofort klappt.

Doch halt! So bitte nicht! Es gibt für den etablierten Wochenendgolfer nichts nervigeres, als einen sich durch die Landschaft hackenden Viererflight vor Augen, der durch die Bank aus blutigen Anfängern besteht. Anfänger zu viert unterwegs bewegen sich ungefähr so schnell voran, wie ein 40-Tonner in den Kasseler Bergen.

Jungs und Mädels: Wenn es nur irgendwie geht, vermeidet die Stoßzeiten an Wochenenden und vermeidet vor allem, Euch zu diesen Zeiten mit anderen Anfängern zusammenzurotten, um unschuldigen Mit-Golfern das Leben zur Hölle zu machen. Und Euch übrigens auch. Denn Ihr müsst ständig ein Auge nach hinten haben: „Müssen wir sie jetzt schon durchspielen lassen?" und könnt Euch nie in Ruhe auf Eure eigenen Schläge konzentrieren.

Bildet also entweder 2er Flights oder tut Euch mit erfahrenen Spielern zusammen. Die werden Euch garantiert gerne von Eurem Sekretariat oder von Euren Pros vermittelt. Die haben nämlich selbst ein vitales Interesse daran, dass der Verkehr auf dem Platz fließt. Erfahrene Spieler wiederum finden es unterhaltsam, auf ihre Anfänge zurück zu blicken. Teilweise sehen sie es sogar als eine Art Ehrenamt.

Die Begleitung von erfahrenen Spielern hat eine Menge Vorteile. Sie bringen Ruhe ins Spiel. Sie können am Besten überblicken, wann man durchspielen lassen sollte oder gar selbst durchspielen kann. Sie erklären uns, wann ein Ball aufzunehmen und wie seine Position zu markieren ist. Sie können uns das Regelwerk an Stellen näher bringen, an denen wir selbst noch nicht allzu gefestigt sind.

Spielt nach Möglichkeit abends in der Woche oder entweder ganz zeitig am Wochenende oder erst wieder am späten Nachmittag. Dann sind die Bahnen leerer und Ihr habt nicht ständig diesen Druck.

Ich gehe natürlich davon aus, dass Ihr den Anfängerkurs im Frühjahr belegt habt (am Besten im April bis Juni) und dass Ihr die PE nicht vor Ende August erlangt habt. Alles andere wäre ja Spitzenklasse. Und schade, dass Ihr dieses Buch bis hierhin gelesen habt, denn Ihr benötigt ja gar keine Ratschläge jedweder Art ...

Doch gehen wir vom Normalfall aus. Euch stehen nur noch wenige Wochen bis zum Ende der Saison zur Verfügung, um Euer Spiel zu festigen und um erste Erfahrungen auf dem richtigen Platz während des regulären Spielbetriebs zu sammeln.

Spielt so häufig Ihr nur könnt, solange Ihr dabei niemand anderem auf die Nerven geht. Bringt allmählich mehr Sicherheit in Euer Spiel. Dieses wird nämlich nicht dadurch besser, dass Euch immer mehr Meisterschläge gelingen, sondern dadurch, dass Ihr immer weniger Fehler macht.

Solltet Ihr auch den Winter über weiter spielen? Ja, unbedingt! Es gibt kaum etwas Schöneres als einen vom Raureif überzogenen Golfplatz mit weißen Kristallen auf jedem einzelnen Baum, Strauch, Ast und Grashalm. Ein wahres Märchenland.

Man kommt durchs Golfen auch an solchen Tagen an die frische Luft, an denen man sonst nie einen Fuß vor die Tür setzen würde. Zu kalt? Das könnt Ihr vergessen! Wirklich. Denn, es wird einem nicht nur durch die Bewegung warm (das weiß ja jedes Kind), sondern alleine schon durch die Konzentration. Und das ist wirklich wahr!

Man steht in der Ansprechposition, es sind Minus 5° und der Wind pfeift einem um die Ohren. Egal, alleine durch die Konzentration auf den Ball und auf den bevorstehenden Schlag steigt die Innentemperatur enorm! Innerhalb kürzester Zeit hat der Schal ausgedient und verschwindet im Bag. Golfen im Winter kann ein Riesenspaß sein!

Zudem bieten viele Clubs im Winterhalbjahr günstige Tarife, die geeignet sind, das Kennenlernen fremder Plätze deutlich zu versüßen. Gut, auf dem gefrorenen Boden können die Bälle schon mal lustig verspringen, aber *so what*? Ihr spielt doch nicht nur auf Ergebnis, sondern vor allem aus Spaß.

Ob ich denn nie pausiere? Ungern. Manchmal ist es aber unumgänglich. Bei einer mehr als 10 Zentimeter hohen Schneeschicht macht Golfen selbst für mich nicht mehr viel Sinn. Die Ballsuche kann dann schon sehr anstrengend sein. Bei Perioden mit Nachtfrost und Tauwetter tagsüber wird unser Platz sowieso gesperrt, um den Rasen zu schützen. Ich nutze diese erzwungenen Pausen dann für eine mentale Regeneration.

Pausen können sehr erfrischend für das Spiel sein. Der Neubeginn ist dann mitunter äußerst unverkrampft. Ich habe die Erfahrung gemacht, dass man die besten Ergebnisse erzielt bei einem Wechsel von Pausen und von Spielphasen mit einer starken Frequentierung. Also z. B. 14 Tage Pause und dann gleich an zwei Tagen hintereinander auf den Platz. Am zweiten Tag geht dann die Post ab.

Das mit den zwei Tagen hintereinander geht natürlich perfekt an Golfwochenenden, die man in einem Golfhotel verbringt. Auch hierfür gibt es ausgesprochen günstige Angebote in der Wintersaison. Ich hoffe, meine Frau in Kürze zu einem solchen Arrangement überreden zu können. Es muss ja nicht gleich eine ausgewachsene Golfreise sein. Obwohl – warum eigentlich nicht …?

Mit großer Begeisterung unternehmen wir im Sommer aber auch Tagesausflüge. Alleine in Schleswig-Holstein gibt es schon über 50 Golfplätze, von denen wir bislang nur einen Bruchteil kennen gelernt haben. Was da wohl noch alles auf uns zukommt?

Ich denke auch an die noch unbekannten Mitspieler, die wir auf zukünftigen Turnieren kennen lernen werden. Bislang waren dies fast ausnahmslos nette, kultivierte und liebenswerte Personen. Und die übrigen boten zumindest Stoff für gute Unterhaltung. Ich denke an Josef, der uns dieses Jahr begleiten will, sobald die Temperaturen über 10° liegen. Das sind doch alles wunderbare Perspektiven.

Nach einiger Zeit

Der weise Mann überlegt sich wie im richtigen Leben so auch beim Golfspiel – gibt es da überhaupt einen Unterschied? – wo er nach einiger Zeit des sich Mühens wohl stehen wird. Und ob er dort auch stehen will. Und was er tun kann, um irgendwann dort zu stehen, wo er wirklich stehen will. Kurzum er steckt sich Ziele.

Diese Ziele können beim Golfen objektiv messbare Ziele sein (Handicapverbesserung) oder auch rein subjektive, gefühlsmäßige Ziele. „Ich will mich fit halten, mich entspannen und vor allem Spaß haben."

Welcher Kategorie der Zielsetzer ich angehöre, hatte ich schon weiter oben angedeutet. Für mich steht unbedingt der Spaß im Vordergrund, verbunden allerdings mit einer Verbesserung des Spiels im Rahmen meiner Möglichkeiten. Das ist ein realistisches und leicht erreichbares Ziel.

Die quantitativen Zielsetzer sollten ebenfalls darauf achten, sich realistische Ziele zu setzen. Dann bleiben ihnen spätere Enttäuschungen und Frustrationen erspart.

Wäre ich einer von ihnen, würde ich mir Folgendes überlegen: Ich werde jetzt 50 und habe sehr spät mit dem Golfen begonnen. Der Zug auf die Tour ist somit abgefahren. Ein Single-Handicapper werde ich sicher auch nicht mehr werden. Ehrgeiziges Endziel könnte allenfalls ein durchschnittliches Spielergebnis von einem über Par sein. Realistisches Mittelfrist-Ziel 1½ über Par. Aber wie gesagt, ich gehöre nicht zu den quantitativen Zielsetzern.

Man hat sich also nach Erlangen der Platzerlaubnis ausgemalt, wo man in 2 bis 3 Jahren wohl stehen wird. Und was passiert, wenn es dann tatsächlich gut läuft?

Das ist zunächst einmal schön. Es schafft ein Gefühl der Zufriedenheit. Man hat dann alles richtig gemacht und sollte daran auch nichts ändern.

Was aber, wenn es großartig läuft? Dann wird es gefährlich. Erfolgreiche Menschen neigen dazu, sich immer ehrgeizigere Ziele zu setzen (das weiß ich vom Hörensagen) und vergessen allzu schnell, dass die Entwicklung auch einmal in die andere Richtung verlaufen könnte – und beim Golfen mit Sicherheit wird. Das ist allein schon eine Frage der Biologie.

Ich kenne mehrere Spieler, die im Verlauf eines Spätsommerturniers (das Rough war gemäht, die Fairways gepflegt und trocken) die Runde ihres Lebens gespielt haben, mit einer entsprechend kräftigen HCP-Verbesserung als „Belohnung". Doch die Belohnung stellte sich bald als trojanisches Pferd heraus.

Im Verlauf der gesamten folgenden Saison sind sie nie wieder in den Bereich ihres erspielten Bestresultates gekommen. Mit der Folge, dass sie ihr HCP von Turnier zu Turnier erst um 0,1, dann um 0,2 Punkte kontinuierlich verschlechtert haben. So etwas nennt man dann eine Frustspirale.

Der einzige Ausweg aus dieser Situation ist es, den Vorgabenausschuss des Clubs zu bitten, das Handicap wieder heraufzusetzen und den realistischen Leistungsmöglichkeiten des Spielers anzupassen.

Also Jungs und Mädels: HCP-Verbesserungen sind eine schöne Sache, aber messt euch nicht zu sehr an irgendwelchen Zahlen. Der nächste Schlag ist immer der wichtigste Schlag. Alles Weitere bestimmt das Schicksal.

Und wenn es nun wirklich super-großartig läuft? Dann lasst dies bitte nicht raushängen. Prescht nicht über den Platz und ruft schon von Weitem jedermann zu: „Vorsicht, ich bin Single-Handicapper!" Das provoziert im Zweifel nur ein: „Macht ja nichts. Die Medizin macht schnelle Fortschritte!"

Antwortet der Sekretärin in fremden Clubs beim Bezahlen des Greenfees auf ihr: „Oh, Sie haben HCP 8,5. Der Platz ist aber voll" nicht: „Bei uns in Büdelsdorf spielen wir immer über die Anfänger drüber!" Denn nicht jeder ist empfänglich für solche Späße. Ich ja schon.

Und wenn es nicht so gut läuft? Nicht verzagen, Trainer fragen. Der hat bisher noch jeden dazu gebracht, sich vom 66er Handicapper Richtung 54er Handicapper zu entwickeln. Und darum geht es ja zunächst einmal. Das erworbene HCP zu bestätigen. Wer ein richtiges HCP 54 spielt, der kann Golfen! Golfen und Spaß haben.

Wer kein Geld für den Trainer hat, sollte sich vertrauensvoll an erfahrene Spieler wenden und diese um ein paar Schwung- und Trainingstipps bitten. Man darf sich nur nicht zu vornehm sein, guten Rat auch anzunehmen. Fragen kostet nichts. Und Zuhören schon gar nicht. Und irgendwann macht es dann Klick – und es funktioniert.

Wenn Ihr dann immer noch nicht zu den besten Golfern auf dieser Erde gehört, dann akzeptiert dies einfach. Es wird immer Menschen geben, die irgendwelche Dinge besser beherrschen als Ihr selbst. Möglicherweise sind dies sogar scheinbar völlig unsportliche Menschen, z. B. bojenförmige dicke Menschen, die aber über ein großartiges Ballgefühl verfügen.

Akzeptiert dies! Freut Euch mit ihnen. „Schlimmstenfalls" spielen sogar Eure eigenen Kinder viel besser als Ihr. Das sollte Euch dann allerdings am wenigsten wundern, denn Kinder lernen bekanntlich am schnellsten – und sie denken dabei auch nicht besonders viel nach. Vielleicht wäre ja genau das ein guter Ansatzpunkt für eine weitergehende Verbesserung?

Was habt Ihr jetzt gelernt?

Ihr habt nach 2 bis 3 Jahren des Spielens zwar nicht das Spiel, aber doch hoffentlich die Regeln einigermaßen im Griff? Das würde mich glücklich machen, habe ich Euch doch weiter vorne immer wieder aufgefordert, diese eingehend zu studieren. Machen wir also noch mal einen kleinen Test.

Wenn Ihr mit mir auf die Turnierrunde geht, könnte zum Beispiel Folgendes passieren: Auf einem Par4 schlage ich den Annäherungsschlag über eine Kuppe in Richtung Grün. Der Flugverlauf sieht prima aus, man sieht aber wegen der Kuppe nicht genau, wo der Ball auftrifft. Es muss entweder auf dem Grün oder kurz davor sein.

Nachdem auch Ihr geschlagen habt, augenscheinlich etwas weiter nach links, machen wir uns auf den Weg zu unseren Bällen. Da zeigt sich, dass die Fläche vor dem Grün großflächig unter Wasser steht, bis zu 25 Zentimeter tief. Mitten drin im zeitweiligen Nass befindet sich ein Ball. Augenscheinlich meiner, denn Eurer liegt etwas weiter links und ist leicht zu identifizieren.

Ich nehme Erleichterung in Anspruch, möchte mir aber die Schuhe und Füße nicht nass machen, denn es ist noch sehr kalt. Ich lasse meinen Ball also im zeitweiligen Wasser liegen und droppe einen neuen unter Einhaltung der Vorschriften (NPE, nicht näher zur Fahne). Wie beurteilt Ihr diese Situation?

Ihr habt das diffuse Gefühl, ich hätte gegen irgendeine Regel verstoßen? Dann bin ich jetzt wirklich enttäuscht. Ich hätte den im Wasser befindlichen Ball erst eindeutig als den meinen identifizieren müssen?

Kinders, Kinders. Inzwischen solltet Ihr mich doch gut genug kennen, um zu wissen, dass Ihr mich mit so etwas nicht dran kriegt. Ich werde Euch antworten: „Guckt mal in den Decisions zu Regel 25-1. Dort steht irgendwo drin, es muss nur bekannt oder so gut wie sicher sein, dass mein Ball in dem zeitweiligen Wasser zur Ruhe gekommen ist.

Und wenn in dem zeitweiligen Wasser dann *ein* Ball sichtbar ist, und der Spieler könnte ihn nur mit relativ großem Aufwand wiedererlangen oder als den seinen identifizieren, dann gibt der Spieler, also ich, den Ball auf und verfährt nach Regel 25-1c, die für einen in zeitweiligem Wasser verlorenen Ball Erleichterung gewährt.

Denn ein Spieler ist nicht verpflichtet einen Ball mit relativ großem Aufwand aus zeitweiligem Wasser zu holen, um ihn identifizieren zu können. (Umgekehrt gilt: Macht es keine unzumutbare Mühe, einen Ball aus zeitweiligem Wasser zu holen, so muss er vom Spieler herausgeholt werden. Aber das trifft hier ja augenscheinlich nicht zu)."

So, und nun steht Ihr wieder mit offenem Mund da und könnt mir nicht das Gegenteil beweisen. Weil Ihr immer noch die Regeln nicht richtig gelernt habt. Das ist Euch egal, Ihr wollt mir gar keinen Strafpunkt geben? Recht so, das ist wahrer Sportsgeist! Aber gebt es doch zu, Ihr würdet schon gerne wissen, ob ich Recht habe oder nicht …

Schönes Spiel!